KB264776

기초 영숙어 공식

차봉현 지음

버들미디어

책머리에

영어를 공부하는데 단어를 기억하는 것도 어려운데 또 하나의 어려움은 영숙어를 기억해서 이해하는 일이다. 숙어란 두개이상의 단어가 모여서 하나의 품사 역할을 하며 관용적으로 쓰이는 어구를 말하는데, 사실 영어숙어는 다른 어떤 언어보다도 대단히 발달해 빈번히 아주 많이 쓰이고 있는 실정이다.

가령 실제로 get이란 동사가 전치사 및 부사 등과 결합하여 하나의 숙어를 만드는 것으로, 중요한 것을 들어 본다면 get across, get in, get off, get on, get out, get over, get through, get up 등을 들 수 있는데, 과연 독자 여러분은 이들 중 몇개나 알 수 있겠는가?

숙어를 공부하는데 이것이 저것 같고, 저것이 이것같아 자주 혼동하는 경우가 너무 많다. 따라서 본 저자는 다년간 영어저술을 해오면서 좀더 기억하기 쉽게 구조별로 숙어를 분류하는 시도에 열정을 쏟아 몇년 전에「영숙어공식」이란 책을 저술하였고, 이번에 좀더 쉽게 중학생들에게 가장 알맞은 숙어책으로「기초 영숙어 공식」을 저술하게 되었음에 적지 않은 기쁨과 긍지를 느끼는 바이다.

이「기초 영숙어 공식」은 지금까지 시중에 나와있는 천편일률적인 알파벳 순서를 지양하고, 숙어구조의 형태를 분석하여 유형별로 독특하게 편찬한 것이다. 따라서 영숙어가 주로 동사·형용사·부사가 전치사 및 부사와 결합하여 하나의 숙어를 구성하고 있으므로 이들의 분석은 숙어공부에 대단히 중요하다는 것을 알 수 있을 것이다.

또한 숙어의 뜻은 전치사·부사의 뜻에 더욱더 깊은 관계를 가지고 있다는 것을 알 수 있게 된다. 게다가 다른 숙어책에서는 시도해 보지 못한 「공식분석」란을 두었고, 이것을 숙지함으로 전치사·부사가 숙어형성의 구성요소로서 숙어의 뜻을 결정하는데 중요한 역할을 하고 있다는 것을 알게 된다.

따라서 본서는 다른 어느 숙어서적보다도 독특하고 기억하기 쉽게 공식화해서 영숙어를 구조적으로 유형을 분석한 최초의 책이어서 중학생이나 고교 저학년 생이 이 책으로 공부한다면 최소의 노력으로 최대의 효과를 기대할 수가 있을 것이다.

이 책에서 다루고 있는 숙어는 약 900여개에 이르고 있으므로 영어 실력을 기르는데 매우 도움이 될 것이고, 영숙어를 공부하는데 다소나마 도움이 된다면 본 저자로서는 크나큰 영광으로 생각하며, 분명 능률적인 효과를 보리라고 확신하는 바이다.

저자 차 봉 현 씀

CONTENTS

2.〈동사+부사〉

3.〈동사+형용사〉

§1. 부사적 용법의 숙어

부사적 용법의 숙어는 하나의 숙어가 부사 역할을 하는 숙어를 말하는데, 다음과 같이 어결합을 이루고 있다.

1. 〈전치사+명사〉
2. 〈전치사+형용사+명사〉
3. 〈명사+전치사+명사〉
4. 〈부사+접속사+부사〉

1. <전치사+명사>

> **공식 1** 《at+명사》형
> *<ex.> at all*

1 at all [æt ɔ:l, 애트올] ①전혀, 조금도(부정문)(=in the least)
②도대체(의문문) (=on earth)

* all: 전부, 모두

◇ I don't know her **at all**.
(나는 그녀를 전혀 모른다.)

◇ Do you believe the fact **at all**?
(너는 도대체 그 사실을 믿느냐?)

2 at best [æt best, 애트 베스트] 기껏해야, 아무리 잘해야

* best: 가장 좋은[잘한](good의 최상급)

◇ His car does 120 miles **at best**.
(그의 차는 기껏해야 120 마일을 달린다.)

3 at first [æt fə:rst, 애트 퍼스트] 처음에는(=at the beginning)

◇ **At first** I couldn't eat beef.
(처음에는 소고기를 먹을 수 없었다.)

4 **at times** [æt taimz, 애트 타임즈] 때때로(=now and then)

◇ She comes here *at times*.
(그녀는 때때로 여기에 온다.)

• 때때로 : **at times**
 = from time to time
 = now and then
 = once in a while
 = off and on

5 **at will** [æt wil, 애트 윌] 마음(내키는)대로(=at desire)

* will: 의지, 의도; 뜻

◇ We can make fire *at will*.
(우리는 마음대로 불을 피울 수가 있다.)

6 **at work** [æt wə:rk, 애트 워크] 일을 하고 있는

(=working), 가동중인

◇ He is *at work* on a new book.
(그는 새로운 책을 집필하고 있다.)

7 **at home** [æt houm, 애트 호움] ① 집에 있는, 자기 나라에 ② 편히, 마음편히(=at ease)

◇ Betty is ***at home***.
(베티는 집에 있다.)

◇ I cannot feel ***at home*** in a hotel.
(나는 호텔에서는 마음이 편하지가 않다.)

8 **at large** [ætlɑːrdʒ, 애트 라아지] ①자세하게(=with detail), 충분히 ②(범인이) 붙잡히지 않고(=free)

* large : 큰, 넓은

◇ The problem was discussed ***at large***.
(그 문제는 자세히 토의되었다.)

◇ The criminal is still ***at large***.
(그 범인은 아직도 붙잡히지 않고 있다.)

9 **at last** [æt læst, 애트 래스트] 마침내(=at length)

* last : 최후의, 맨 마지막의

◇ ***At last*** I finished the work.
(마침내 나는 그 일을 끝냈다.)

- 마침내 : **at last**
  =at length
  = in the end
  = after all
  = in the long run

---

10 **at once** [æt wʌns, 애트 원스] ①즉시(=immediately),
당장에(=presently)
②동시에(=at the same time)

* once: 한 번, 한차례

◇ Go there **at once**.
(즉시 그곳으로 가거라.)

◇ Two events happened **at once**.
(두 가지 사건이 동시에 일어났다.)

11 **at present** [æt prezənt, 애트 프레즌트] 바로 지금, 지금(=now)

* present: 현재, 오늘날

◇ He is very busy **at present**.
(그는 지금 매우 바쁘다.)

12 **at school** [æt skuːl, 애트 스쿨] 수업중인(=in class),
재학중인(=in school)

◇ She is still **at school**.
(그녀는 아직도 재학중이다.)

13 **at table** [æt teibl, 애트 테이블] 식사중인(=at meals)

◇ They were all *at table*.
(그들은 모두 식사중이었다.)

14 **at least** [æt liːst, 애트 리스트] 적어도(=at the lowest),
어쨌든(=anyhow)

* least: 가장 적은(little의 최상급)

◇ *At least* ten students were present.
(적어도 10명이 학생들이 출석하였다.)

공식분석

이 공식에 쓰이는 전치사 **at**은 「~에, ~에서, ~에 종사하고」의 뜻으로 '대상, 상태, 관계 · 종사' 등을 나타낸다.

이 공식에서 숙어들은 형용사적으로나 부사적으로 쓰이고 있다.

at best(아무리 잘해야)의 **at**은 대상을 나타내고

at ease(편하게)의 **at**은 상태를 나타내고

at school(수업중인)의 **at**은 종사를 나타낸다.

≪by+명사≫형
<ex.> by accident

---

15 by accident [bai ǽksədənt, 바이 액서던트] 우연히(≒by chance)

* accident: 사고, 재난; 우연

◇ He heard the conversation ***by accident***.
(그는 우연히 그 대화를 들었다.)

---

16 by air [baiεər, 바이 에어] 공로로, 비행기로(=by plane)

* air: 공기, 항공교통

◇ He traveled ***by air***.
(그는 비행기로 여행하였다.)

---

17 by chance [bai tʃæns, 바이 챈스] 우연히(=accidentally)

* chance: 기회; 우연

◇ I met him ***by chance*** in a bus.
(나는 그를 버스에서 우연히 만났다.)

18 **by day** [bai dei, 바이 데이] 낮에는, 주간에는(=during the daytime)

◇ They work ***by day***.
(그들은 낮에는 일한다.)

19 **by degrees** [bai digri:z, 바이 디그리즈] 점차로(=gradually)

* degree: 정도, 단계, 계급

◇ It is getting colder ***by degrees***.
(날씨가 점차로 추워지고 있다.)

20 **by far** [bai fɑ:r, 바이 파-] 훨씬(=much), 단연(=resolutely)

* far: 멀리; 훨씬,매우

◇ Your choice is ***by far*** the best.
(너의 선택은 단연 최고이다.)

21 **by halves** [bai hævz, 바이 해브즈] 어중간하게, 불완전하게 (=imperfectly)

* halves: half(반)의 복수

◇ Don't do things ***by halves***.
(일을 어중간하게 하지 말라.)

²² **by mistake** [bai misteik, 바이 미스테이크] 잘못하여
(=wrong), 실수로

* mistake: 잘못, 틀림

◇ I got on the wrong train **by mistake**.
(나는 실수로 열차를 잘못탔다.)

²³ **by turns** [bai təːrnz, 바이턴-즈] 차례로(=one after
another),
교대로(=in rotation)

* trun: 회전, 순번, 차례

◇ We took the handle **by turns**.
(우리는 교대로 핸들을 잡았다.)

공식분석

이 공식에 쓰이는 전치사 **by**는 「~의 옆에, ~에 의해」의 뜻
으로 "수단,이유, 관계, 정도" 등을 나타낸다.
by air(공로로)의 **by**는 수단을 나타내고
by accident(우연히)의 **by**는 이유를 나타내고
by degress(점차로)의 **by**는 정도를 나타낸다.

≪for+명사≫형

<ex.>for certain

---

24 for certain [fɔːr sə́ːrtn, 포어 써튼] 확실히(=for sure)

* certain: 확신하는, 자신하는

◇ I don't know **for certain**.
(나는 확실히 모른다.)

---

25 for example [fɔːr igzǽmpl, 포어 이그잼플] 예를 들면
(=for instance)

* example: 예, 견본

◇ Think of your reading, **for example**.
(예를 들면 너의 독서를 생각해 보아라.)

---

26 for good [fɔːr gud, 포어 굿] 영원히(=for ever)

* good: 선, 미덕; 이익

◇ She is leaving here **for good**.
(그녀는 영원히 이곳을 떠난다.)

27 **for nothing** [fɔːr nʌθiŋ, 포어 너싱] ①거저(=free), 무료로(at no cost)
②헛되이(=in vain)

　　　 * nothing: 아무것도 ~아님

◇ She got it *for nothing*.
(그녀는 그것을 공짜로 얻었다.)

◇ He did not go to school *for nothing*.
(그는 헛되이 학교에 가지는 않았다.)

28 **for once** [fɔːr wʌns, 포어 원스] 한 번만은(특히)

　　　 * once: 한 번, 일회

◇ I want *for once* to see the scenery.
(나는 한 번 만은 그 경치를 보고 싶다.)

공식분석

이 공식에 쓰이는 **for**는 「~을 위해, ~을 향해, ~대하여」의 뜻으로 "목적, 대상, 대가, 관련" 등을 나타낸다.

for certain (확실히)의 **for**는 대상을 나타내고

for nothing (거저)의 **for**는 대가를 나타내고

for once(한 번만은)의 **for**는 관련을 나타낸다.

29 from hand to mouth [frəm hænd tu mauθ, 프
럼 핸드 투 마우스] 하루 벌어 하루사는

* mouth: 입; 입구

◇ He live *from hand to mouth*.
(그는 하루벌어 하루살기가 빠듯하다.)

30 from bad to worse [frəm bæd tu wə:rs,
프럼 뱃 투 워스] 점점 나빠지는
〔악화되는〕(=steadily worse)

* worse: 보다 나쁜, 악화된

◇ His health is going *from bad to worse*.
(그의 건강이 점점 악화되고 있다.)

31 from morning to night [frəm mɔ́:rniŋ tunait,
프럼 모-닝 투 나잇] 아침부터 저녁까지, 하루종일(=all day)

◇ They work hard *from morning to night*.
(그들은 아침부터 저녁까지 열심히 일한다.)

32 **from time to time** [frəm taim tu taim, 프럼 타임 투 타임] 때때로(=sometimes, at times)

◇ He visited her ***from time to time***.
(그는 때때로 그녀를 방문했다.)

- 때때로 : **from time to time**
    - = at times
    - = now and then
    - = once in a while
    - = at intervals

공식분석

이 공식에 쓰이는 전치사 **from**은 「~에서, ~으로부터」의 뜻으로 "출발, 분리, 이탈"을 나타낸다.

또 **to**는 「~까지, ~로, ~에게」의 뜻으로 "방향, 대상, 한계, 범위」 등을 나타낸다.

이 공식에 쓰이는 명사는 무관사로 대조를 이루며, 주로 반복을 나타내고 있다.

≪in+명사≫형

<ex.> in ad ance

---

33 in advance [in ədvǽns, 인 어드밴스] 미리(=before-hand), 앞장서서

* advance: 진전, 진출; 선금

◇ They are paid by the week ***in advance***.
(그들은 주급으로 선불받았다.)

34 in common [in kámən, 인 카먼] 공통으로, 공동으로
(=in conjunction)

* common: 공통의, 보통의, 일반의

◇ The two countries have a lot ***in common***.
(그 두 나라는 공통점을 많이 가지고 있다.)

35 in danger [in déindʒər, 인 데인저] 위험하여
(=dangerously)

* danger: 위험

◇ Her life is ***in*** real ***danger***.
(그녀의 생명은 정말 위험하다.)

36 in fact [in fæk, 인 팩] 실제로(=practically), 사실상(=in reality)

* fact: 사실, 현실; 실제

◇ He is not a scholar *in fact*.
(그는 실제로는 학자가 아니다.)

37 in general [in dʒenərəl, 인 젠너럴] 일반적으로 (=generally), 대개

* general: 일반의, 개략의, 보편적인

◇ Children are fond of candy *in general*.
(일반적으로 어린이들은 과자를 좋아한다.)

38 in haste [in heist, 인 헤이스트] 급히(=in a hurry)

* haste: 급함, 신속

◇ She left here *in haste*.
(그녀는 서둘러 이곳을 떠났다.)

39 in need [in niːd, 인 니-드] 곤경에 빠져(=in trouble)

* need: 필요, 어려울 때

◇ A friend *in need* is a friend indeed.
(어려울 때의 친구가 참된 친구이다.)

[40] **in order**[in ɔ́ːrdər, 인 오-더] ①차례대로(=one after another), 순서있게 ② 정돈되어(=arranged)

* order: 명령, 주문; 순서

◇ Tell me the facts ***in order***.
(사실들을 차례로 말하라.)

◇ He put the books ***in order***.
(그는 책들을 질서정연하게 배치하였다.)

[41] **in particular**[in pərtikjələr, 인 퍼티큐어러] 특히, 특별히 (=particularly)

* particular: 특별한, 특유의

◇ I have nothing to say ***in particular***.
(내가 특히 말할 것은 아무것도 없다.)

[42] **in public**[in pʌblic, 인 퍼브릭] 공공연히(=publicly), 사람들 앞에서(↔in private)

* public: 공중, 국민; 세상

◇ She rarely speaks ***in public***.
(그녀는 사람들 앞에서는 좀처럼 말하지 않는다.)

* rarely: 좀처럼 ~않다

43 **in reality**[in riǽrəti, 인 리애러티] 실은(=in fact), 실제로

* reality: 사실, 현실; 진실

◇ ***In reality*** he was a liar.
(실제로 그는 거짓말장이었다.)

44 **in short**[in ʃɔːrt, 인 쇼-트] 한마디로 말해서(=in a word), 요컨데

* short: 간결, 간단; 적요

◇ ***In short***, I need some money.
(요컨데, 나는 돈이 필요하다.)

45 **in sight**[in sait, 인 사이트] 보이는(=visible), 보이는 곳에

* sight: 시력; 봄, 목격

◇ His house is still ***in sight*** from here.
(그의 집은 이곳에서 아직도 보인다.)

46 **in time**[in taim, 인 타임] ①시간에 맞게, 제시간에(=in good time)
②조만간(=sooner or later), 언젠가는

◇ She arrived just ***in time*** for lunch.
(그녀는 마침 점심시간에 맞게 도착하였다.)

47 **in turn** [in təːrn, 인 턴] 서로 교대하여(=by turns), 차례로
(=one after another)

* turn: 회전; 순서, 차례

◇ **Each of you must speak *in turn*.**
(너희들 각자는 차례로 말해야 한다.)

48 **in vain** [in vein, 인 베인] 헛되이(=uselessly), 쓸데없이
(=vainly)

* vein: 헛된, 보람없는

◇ **All our efforts were *in vain*.**
(우리들의 모든 노력은 수포로 돌아갔다.)

공식분석

이 공식에 쓰이는 전치사 **in**은 「~안에, ~안으로, ~을 입고」
의 뜻으로 "상태, 환경, 행위, 활동, 관련" 등을 나타낸다.

in advance(미리)의 **in**은 상태를 나타내고

in common(공통으로)의 **in**은 환경·상태를 나타내고

in turn(서로 교대하여)의 **in**은 관련을 나타낸다.

≪on+명사≫형

<ex.> on business

49 on business [ɔn bíznis, 온 비즈니스] 상용으로, 볼일로
(=on affairs↔ for pleasure(재미로))

* business: 사업, 장사; 직업

◇ He has gone there **on business**.
(그는 업무상 그곳에 갔다.)

50 on duty [ɔn djuːti, 온 듀-티] 당번인, 근무중인
(=at one's work;↔off duty)

* duty: 의무; 임무, 직무

◇ He is **on duty** today.
(그는 오늘 당번이다.)

51 on earth [ɔn əːrθ, 온 어-스] 도대체(=in the world), 지상에

* earth: 지구; 대지, 흙

◇ Who **on earth** are you?
(도대체 당신은 누구입니까?)

52 **on foot** [ɔn fut, 온푸트] 도보로, 걸어서(=afoot)

* foot: 발; 밑부분

◇ He goes to school **on foot**.
(그는 걸어서 학교에 다닌다.)

53 **on hand** [ɔn hænd, 온 핸드] ① 마침 갖고 있는(=ready)
② 마침 동석하여

* hand: 손; 소유, 일손

◇ I have no cash **on hand**.
(나는 마침 갖고 있는 현금이 없다.)

참고

on hand: 마침 갖고 있는(=ready)
at hand: 바로 가까이에(=very near)
in hand: 수중에 넣어(=in one's possesion)
on one hand: 한편으로는 (=on the one side)

54 **on purpose** [ɔn pə́ːrpəs, 온 퍼-퍼스] 일부러,
고의로(=intentionally)

* purpose: 목적; 의도, 의지

◇ He did the work **on purpose**.
(그는 일부러 그 일을 하였다.)

55 on sale [ɔn seil, 온 세일] 팔려고 내놓은

* sale: 판매, 매각

◇ These are *on sale* at any market.
(이것들은 어떤 시장에서도 팔고있다.)

56 on time [ɔn taim, 온타임] 정각에(=punctually), 시간대로

◇ She arrived at the station *on time*.
(그녀는 정각에 역에 도착하였다.)

참고 *cf.* **in** time:시간에 맞게

공식분석

이 공식에 쓰이는 전치사 **on**은 「~위에, ~에, ~에 대해」의 뜻으로 "장소, 관계,종사, 의도, 수단"등을 나타낸다.
on duty(근무중인)의 **on**은 종사를 나타내고
on foot(도보로)의 **on**은 수단을 나타내고
on purpose(고의로)의 **on**은 의도를 나타낸다.

《out of+명사》형

<ex.> *out of breath*

57 **out of breath** [aut əv breθ, 아웃 어브 브레스]
숨을 헐떡이며(=breathlessly)

* breath: 숨, 호흡

◇ I was **out of breath** after climbing the hills.
(내가 언덕을 오른 후에는 숨이 찼다.)

58 **out of date** [aut əv deit, 아웃 어브 데이트] 시대에 뒤떨어진(=behind the times), 구식의

* date: 날짜, 연대, 시대

◇ Your idea is **out of date**.
(너의 생각은 시대에 뒤떨어져 있다.)

59 **out of doors** [aut əv dɔːrz, 아웃 어브 도어즈] 집 밖에서, 옥외에서(=outdoors)

* doors: 집

◇ The children are playing **out of doors**.
(그 아이들은 집밖에서 놀고 있다.)

60 out of fashion [aut əv fǽʃən, 아웃 어브 패션] 유행에 뒤진(=behind the fashion↔in fashion)

* fashion: 유행, 양식

◇ These hats are now **out of fashion**.
(이들 모자는 이제는 유행에 뒤져있다.)

61 out of order [aut əv ɔ́:rdər, 아웃 어브 오-더]
고장이 난(=broken down)

* order: 순서, 명령, 규칙

◇ My computer is **out of order**.
(내 컴퓨터가 고장이 났다.)

62 out of reach (aut əv əvri:tʃ, 아웃 어브 리-취]
손이 닿지 않은곳에서(↔within reach)

* reach: 손을 내 뻗침

◇ The candy is **out of** my **reach**.
(그 과자는 내 손이 닿지 않는 곳에 있다.)

63 out of sight (aut əv sait, 아웃 어브 사이트]
보이지 않은 곳에(↔within sight), 보이지 않은

* sight: 시력, 보임

◇ He put it **out of sight**.
(그는 그것을 안보이는 곳에 두었다.)

⁶⁴ **out of question** (aut əv kwéstʃən, 아웃 어브 퀘스쳔]
의심도 없이(=without doubt), 확실히(=surely)

* question: 질문; 의심, 문제

◇ His goodwill is ***out of question***.
(그의 호의는 확실하다.)

참고 *cf.* out of **the** question; 문제가 되지 않은, 불가능한
<ex.> The matter is *out of **the** question*.
(그 사건은 전혀 의논의 대상이 되지 않는다.)

공식분석

이 공식에 쓰이는 복합전치사 **out of** 「~안으로 부터, ~범위 밖에, ~을 떠나」의 뜻으로 "장소, 범위, 초과, 일탈" 등을 나타낸다.

out of breath(숨을 헐떡이며)의 **out of**은 초과를 나타내고
out of doors(집밖에서)의 **out of**은 장소의 일탈을 나타내고
out of order(고장난)의 **out of**은 일탈을 나타낸다.

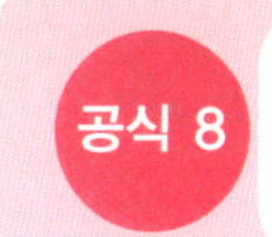

《with+명사》형

<ex.> with all

---

65 **with all** [wið ɔ:l, 위드 올] ~에도 불구하고(=in spite of)

◇ ***With all*** his faults, I like him.
(그가 결점이 있음에도 불구하고, 나는 그를 좋아한다.)

---

66 **with difficulty** [wið dífikʌ̀lti, 위드 디피컬티] 가까스로, 간신히(=barely;↔with ease)

* difficulty: 곤란, 어려움

◇ He passed the test ***with difficulty***.
(그는 간신히 시험에 합격하였다.)

---

67 **with ease** [wið i:z, 위드 이-즈] 쉽게(=easily)

* ease: 안락, 편안; 용이, 쉬움

◇ You can do it ***with ease***.
(너는 그것을 쉽게 할 수 있다.)

⁶⁸ **with pleasure** [wið pléʒər, 위드 플레저] 기꺼이
(=willingly)

* pleasure: 즐거움, 기쁨, 만족

◇ She did the work ***with pleasure***.
(그녀는 그 일을 기꺼이 하였다.)

공식분석

이 공식에 쓰이는 전치사 **with**는 「~와 함께, ~으로, ~을 가지고, ~에 대해」의 뜻으로 「동반, 상황, 입장, 소지」 등을 나타낸다.

with difficulty(가까스로)의 **with**는 상황을 나타내고
with pleasure(기꺼이)의 **with**는 입장을 나타낸다.

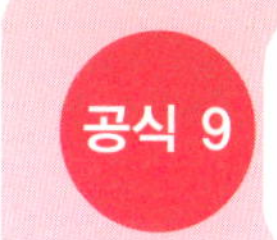

≪as+a+명사≫형

<ex.> as a matter of course

69 as a matter of course[æz ə mǽtə*r* əv kɔː*r*s, 애즈 어 매터 어브 코-스] 당연한 일로서(=as a natural result)

* matter: 물질; 문제; 일
* course: 진로, 진행, 추이

◇He took his duty *as a matter of course*.
(그는 의무를 당연한 일로 받아들였다.)

70 as a matter of fact[æz ə mǽtə*r* əv fæk, 애즈 어 매터 어브 팩] 실은(=in fact), 실제로는(=actually)

* fact:사실, 진실;실제

◇*As a matter of fact*, I looked it up in a dictionary.
(실은, 내가 그것을 사전에서 찾았다.)

71 as a rule[æz ə ruːl, 애즈 어 룰] 대개(=mostly)

* rule: 규칙; 관례, 습관

◇*As a rule* we have much snow in winter.
(대개 겨울에는 눈이 많이 온다.)

 as a whole [æz ə houl, 에즈 어 호울] 전체로서

(=as a complete unit)

* whole: 전부, 전체

◇ The climate of Korea is warm *as a whole.*
(한국의 기후는 전체로는 따뜻하다.)

공식분석

이 공식에 쓰이는 전치사 **as**는 「~로서, ~처럼」의 뜻으로 "자격, 지위, 동등"을 나타내고 있다. 뒤에 오는 명사는 부정관사 a를 취한다.

as a matter of fact(실은)의 **as**는 지위를 나타내고

as a rule(대개)의 **as**는 동등을 나타내고

as a whole(전체로서) **as**는 자격을 나타낸다.

≪at+a+명사≫형

<ex.> *at a distance*

---

73 at a distance [æt ə distəns, 애터 디스턴스] 좀 떨어져
(=at some space), 어떤 거리를 두고

---

* distance: 거리, 간격

◇ I kept him **at a distance**.
(나는 그와 약간 거리를 두었다.)

74 at a glance [æt ə glæns, 애터 그랜스]
얼핏보아(=seemingly)

---

* glance: 일별, 흘긋봄

◇ I saw it **at a glance**.
(나는 그것을 얼피보아 알았다.)

75 at a loss [æt ə lɔːs, 애터 로-스] 어찌할 바를 모르고
(=puzzled)

---

* loss: 손실, 손해; 패배

◇ He was **at a loss** for an answer.
(그는 대답에 어찌할 바를 몰랐다.)

 at a time[æt ə taim, 애터 타임] 한번에(=once), 동시에
(=at the same time)

◇ He did two things ***at a time***.
(그는 한번에 2가지 일을 하였다.)

공식분석

이 공식에 쓰이는 전치사 **at**은 「~에, ~에서, ~에 접하여」의 뜻으로 "장소, 목표, 대상, 종사" 등을 나타낸다.

at a distance(좀 떨어져)의 at은 장소를 나타내고

at a glance(얼피보아)의 at은 대상을 나타내고

at a time(한번에)의 at은 대상을 나타낸다.

2. <전치사+형용사+명사>

공식 11 ≪at+형용사+명사≫형
<ex.> *at all costs*

77 **at all costs** [æt ɔːl cɔːsts, 애트 올 코스츠] 비용이 아무리 들더라도(=at any cost), 꼭(=surely)

   * cost: 비용, 대가

◇ I will get the book ***at all costs***.
(나는 비용이 아무리 들더라도 그 책을 구입할 것이다.)

78 **at all events** [æt ɔːl invents, 애트 올 이벤츠] 어쨋든(=at any rate), 아무튼(=in any event)

   * event: 사건, 사고

◇ ***At all events*** I'll be there tomorrow.
(아무튼 나는 내일 거기에 도착할 것이다.)

79 **at all times** [æt ɔːl taimz, 애트 올 타임즈] 항상(=always), 언제나

◇ He looks healthy ***at all times***.
(그는 항상 건강해 보인다.)

80 **at any moment**[æt eni móumənt, 애트 에니 모우먼트] 언제〔어느때〕라도(=at any time)

* moment: 순간; 때,기회

◇ You may fall ill **at any moment**.
(너는 어느때라도 병에 걸릴지 모른다.)

81 **at any rate**[æt eni reit, 애트 에니 레이트]
어쨋든(=anyway) 하여간에

* rate: 비율, 가격; 요금

◇ You had better go there **at any rate**.
(어쨋든 너는 거기에 가는 것이 좋다.)

82 **at first sight**[æt fə:rst sait, 애트 퍼스트 사이트]
얼핏 보기에는(=seemingly)

* sight: 시력, 시각; 봄, 보임

◇ **At first sight** the problem looks easy.
(얼핏 보기에는 그 문제가 쉬운 것 같이 보인다.)

83 **at full speed**[æt fu:l spi:d, 애트 풀 스피-드]
전속력으로(=at top speed)

◇ I drove my car **at full speed**.
(나는 전속력으로 차를 몰았다.)

⁸⁴ **at the same time** [æt ðə seim taim, 앳더 세임 타임] 동시에(=at once)

* same: 같은, 마찬가지의

◇ They started ***at the same time***.
(그들은 동시에 출발하였다.)

공식분석

이 공식에 쓰이는 전치사 **at**은 「~에, ~에서, ~에 종사하고, ~을 목표로」의 뜻으로 "장소, 목적, 대상, 종사, 대가" 등을 나타낸다.

at 다음에는 형용사를 인도하고 다음에 명사가 온다.

at all costs(비용이 아무리 들더라도)의 **at**은 대가를 나타내고

at full speed(전속력으로)의 **at**은 목적을 나타내고

at the same time(동시에)의 **at**은 종사를 나타낸다.

공식 12 ≪by+형용사+명사≫형
<ex.> *by all means*

---

85 by all means [bai ɔːl miːnz, 바이 올 민-즈] 반드시, 꼭(=surely, ↔by no means), 어떤 수를 써서라도

* means: 수단, 방법; 재산

◇ I will do it ***by all means***.
(나는 그것을 반드시 하겠다.)

---

86 by any chance [bai eni tʃæns, 바이 에니 챈스] 만일에(=if), 어쩌다가

* chance: 가능성; 기회

◇ Do you think you will succeed ***by any chance***?
(말일에 성공할 것이라고 생각합니까?)

---

87 by no means [bai nou miːnz, 바이 노우 민-즈] 결코~않다(=not at all)

◇ He is ***by no means*** a good friend.
(그는 결코 좋은 친구는 아니다.)

88 **by the hour**[bai ðə auər, 바이 더 아우어]

시간당 얼마로, 시간제로

＊hour:시간, 시각

◇I hired a car ***by the hour.***
(나는 자동차를 시간당 얼마로 빌렸다.)

89 **by the way**[bai ðə wei, 바이 더 웨이] 그런데
(=incidentally),
말이 나온 김에

＊way: 길, 방법, 거리

◇***By the way***, have you ever seen her?
(그런데, 그녀를 만난 일이 있습니까?)

공식분석

이 공식에 쓰이는 전치사 **by**는 「~옆에, 가까이에, ~에 의하여」의 뜻으로 "위치, 수단, 매개, 척도, 관계" 등을 나타낸다.
by all means(반드시)의 by는 수단을 나타내고
by the hour(시간당 얼마로)의 by는 척도를 나타내고
by the way(그런데)의 by는 관계를 나타낸다.

≪for+a+명사≫형

<ex.> for a moment

90 **for a moment** [fɔːr ə móumənt, 포어러 모우먼트]
잠깐동안(=for a while)

* moment: 순간, 찰나; 때

◇ She waited for me ***for a moment***.
(그녀는 잠시 나를 기다렸다.)

참 고
for a moment: 잠깐동안, 잠시(=for a time)
for the moment: 우선, 당장은(=for the present)
at the moment: 바로 지금(=just now)
at any moment: 언제라도
in a moment: 순간적으로(=instantaneously)

91 **for a time** [fɔːr ə taim, 포어러 타임]
일시, 잠시(=for a moment)

◇ He stayed in London ***for a time***.
(그는 잠시 런던에 머물렀다.)

92 **for a while** [fɔːr ə hwail, 포어러 화일] 잠깐동안(=for a time), 잠시(=for a spell)

---

* while:동안, 시간; 잠시

◇ Wait for me here ***for a while***.
(잠시 여기서 나를 기다려라.)

- 잠시 : **for a while**
    =for a moment
    =for some time
    =for a time
    =for a spell

공식분석

이 공식에 쓰이는 전치사 **for**는 「~을 위해, ~을 향해, ~동안」의 뜻으로 "방향, 목표, 대상, 시간" 등을 나타낸다.
for a moment(잠깐동안)의 **for**는 「시간」을 나타내고
for a while(잠시)의 **for**도 「시간」을 나타낸다.

93 **for all that** [fɔːr ɔːl ðæt, 포어 올댓] 그럼에도 불구하고
(=nevertheless)

◇ His words is true **for all that**.
(그럼에도 불구하고 그의 말은 사실이다.)

94 **for Heaven's sake** [fɔːr hevnz seik, 포어 헤븐즈 세이크] 제발(=for God's sake), 아무쪼록

* heaven: 하늘, 천국

* sake: 위함, 이익, 목적

◇ **For Heaven's sake**, take your cap off.
(제발, 모자를 벗어라.)

95 **for one's age** [fɔːr wʌnz eidʒ, 포어 원스 에이쥐]
나이에 비해서는(considering one's age)

* age: 나이; 성년

◇ He is young **for his age**.
(그는 나이에 비해서는 젊다.)

96 **for one's part** [fɔːr wʌns pɑːrt, 포어 원스 파-트] ~ 로서는(=as for one)

* part: 부분, 부품, 역할

◇ **_For my part_** I agree to his idea.
(나로서는 그의 생각에 동의한다.)

공식분석

이 공식에 쓰이는 전치사 **for**는 「~을 위해, ~향해, ~동안, ~때문에」의 뜻으로 "이유, 원인, 고려, 관련, 관계" 등을 나타낸다.
for all that(그럼에도 불구하고)의 **for**는 「이유」를 나타내고
for one's age(나이에 비해서)의 **for**는 「고려」를 나타내고
for one's part(~로서는)의 **for** 「관계」를 나타낸다.

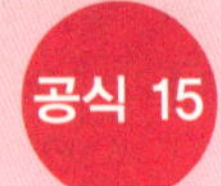

97 for the first time[fɔːr ðə fəːrst taim, 포-더 퍼-스트 타임] 처음으로(=for the beginning)

* first: 최초의, 제일의, 일류의

◇ I visited Seoul yesterday **for the first time**.
(나는 어제 처음으로 서울을 방문했다.)

참고 cf. **at** (the) first: 처음에는(=at the biginning)

<ex.> **At** first I couldn't eat pork.
(처음에는 내가 돼지고기를 먹지 못했다.)

98 for the most part[fɔːr ðə moust paːrt, 포-더 모우스트 파-트] 대부분은(=for the great part), 대개는
(=mostly)

* most: 가장 큰[많은], 최대의

* part: 일부, 부분; 요소

◇ The Koreans, **for the most part**, are diligent.
(한국인은 대부분은 근면하다.)

99 for the present [fɔːr ðə preznt, 포-더 프레즌트]
현재로서는, 당분간(=for the time being)

* present: 현재, 오늘날

◇ Forget the thing *for the present*.
(당분간 그 일을 잊어버려라.)

100 for the time being [fɔːr ðə taim biŋ, 포-더 타임
빙] 당분간은(=for the present)

* being: 존재, 생존; 본질

◇ She has nothing to do *for the time being*.
(그녀는 당분간 할 일이 없다.)

유어숙어

- 당분간 : **for the time being**
  =for the present
  =for the moment

공식분석

이 공식에 쓰이는 **for**는 「~을 위해, ~하는 동안, ~에 대하여」의 뜻으로 "요청, 관계, 관련, 시간" 등을 나타낸다.
for the first time(처음으로)의 **for**는 관련을 나타내고,
for the present(당분간)의 **for**는 시간을 나타낸다.

공식 16 《in+형용사+명사》형

<ex.> in any case

101 **in any case** [in eni keis, 인 에니 케이스] 어쨋든 (=anyhow), 여하튼

* case: 경우, 사례; 사정

◇ These troubles occur **in any case**.
(이러한 소란들은 어쨋든 일어난다.)

유어숙어

> • 어쨋든 : **in any case**
>   =in any event
>   =at any rate
>   =at all events

102 **in due course** [in dju kɔːrs, 인 듀 코-스] ① 이윽고, 언젠가는(=in time)
② 일이 순조롭게 되어

* due: 만기가 된, 당연한
* course: 진로, 진행; 방향

◇ The business will pay **in due course**.
(그 사업은 언젠가는 수지가 맞을 것이다.)

≪in+a+명사≫형

<ex.> in a body

---

103 in a body [in ə bɑdi, 인어바디] 일단이 되어(=all together)

* body: 신체; 단체

◇ They ran ***in a body***.
(그들은 일단이 되어 달렸다.)

---

104 in a hurry [in ə hʌri, 인너 허리] 황급히(=hastily), 서둘러
(=in haste)

* hurry: 서두름, 급함

◇ They were ***in a hurry*** to start.
(그들은 출발을 서두르고 있었다.)

---

105 in a moment [in ə móumənt, 인너 모우먼트] 순간적으로(=in an instant), 곧

* moment: 순간; 때

◇ The house fell down ***in a moment***.
(그 집이 순간적으로 무너졌다.)

106 **in a sense** [in ə sens, 인너 센스] 어떤 점〔의미〕에서는
(=in some respects), 어느정도

* sense: 감각, 느낌; 의미

◇ His words are true *in a sense*.
(그의 말은 어느정도 진실이다.)

107 **in a word** [in ə wəːrd, 인너 워-드] 한 마디로 말하면(=in short)

* word: 말, 언어

◇ *In a word*, she is useful.
(한 마디로 말하면, 그녀는 쓸모가 있다.)

> 참고
>
> **in a word**: 한 마디로 말하면(=in short)
> at a word: 일언지하에, 당장에(=immediately)
> in other words: 바꾸어 말하면

공식분석

이 공식에 쓰이는 전치사 **in**은 「~안에, ~사이에, ~에 종사하여」의 뜻으로 "위치, 시간, 환경, 범위, 관계 "등을 나타낸다.
in a body(일단이 되어)의 **in**은 관계를 나타내고
in a sense(어떤점에서는)의 **in**은 범위를 나타낸다.

≪in+one's+명사≫형

<ex.> in one's absence

---

108 in one's absence [in wʌnz ǽbsəns, 인 원즈 앱선스] ~(아무의) 부재중에

* absence: 부재, 결석
◇ Look after my baby ***in my absence***.
(내가 부재중에 아기를 돌봐주라.)

---

109 in one's favor [in wʌnz feivər, 인 원즈 페어버] ~의 마음에 들어(=to one's taste), ~에게 유리하게

* favor: 호의, 친절; 유리
◇ She spoke ***in my favor***.
(그녀는 나에게 유리하게 말했다.)

---

110 in one's place [in wʌnz pleis, 인 원즈 플레이스] ~ 대신에(=on one's behalf)

◇ place: 장소, 지역; 지위
◇ He'll go there ***in your place***.
(그가 너 대신에 그곳에 갈 것이다.)

111 **in one's presence**[in wʌnz prézəns, 인 워즈 프레전스] ~의 면전에서 (=in one's face)

* presence: 존재, 출석; 면전

◇ Words failed me *in his presence*.
(그의 앞에서는 나는 말이 나오지 않았다.)

공식분석

이 공식에 쓰이는 전치사 **in**은 ~안에, ~사이에, ~에 종사하고」의 뜻으로 "위치, 시간, 행위, 범위, 관계"등을 나타낸다.

in one's favor (~에게 유리하게)의 **in**은 관계를 나타내고

in one's presence(~의 면전에서)의 **in**은 위치를 나타낸다.

≪in+the+명사≫형

<ex.> in the air

---

112 **in the air** [in ðə ɛər, 인더 에어] (소문 등이) 퍼져
(=spread) ; 공중에

---

* air: 공기, 공중, 항공

◇ A strange rumor is **in the air**.

(이상한 소문이 퍼지고 있다.)

참고 *cf.* **on** the air ; 방송중인

<ex.> The news will be **on the air** this evening.

(그 뉴스는 오늘 저녁 방송된다.)

113 **in the distance** [in ðə distəns, 인더 디스턴스] 저 멀
리에(=far away)

---

* distance: 거리, 간격 ; 원거리

◇ I saw sea **in the distance**.

(나는 저 멀리에 바다를 보았다.)

참고 *cf.* **at** a distance : 좀 떨어져, 어떤 거리를 두고

<ex.> The painting looks nicer **at a distance**.

(그 그림은 좀 떨어져 보면 더 좋게 보인다.)

114 **in the end** [in ðə end, 인더 엔드] 마침내(=at last), 결국
(=finally)

* end: 끝, 결과

◇ He arrived at the top *in the end*.
(그는 마침내 꼭대기에 도달하였다.)

115 **in the first place** [in ðə fə:*r*st pleis, 인더 퍼스트
플레이스] 첫째로(=first)

* place: 장소, 자리

◇ *In the first place* you must thank her.
(첫째로 너는 그녀에게 감사해야 한다.)

116 **in the long run** [in ðə lɔŋ rʌn, 인더 롱런] 결국은
(=after all)

* run: 달림, 노선; 형세

◇ A able man will win *in the long run*.
(유능한 사람은 결국은 승리할 것이다.)

117 **in the right** [in ðə rait, 인더 라이트] 바른
(=righteous), 도리가 있는

* right: 올바름, 공정; 권리

◇ Your idea is *in the right*.
(네 생각이 옳다.)

18 **in the way** [in ðə wei, 인더 웨이] 방해가 되어(=in one's way)

      ＊way: 길, 방법；거리

◇ The rock is ***in the way***.
(그 바위가 방해가 된다.)

19 **in the world** [in ðə wɔːld, 인더 월드] ①전혀, 조금도 (=at all) ②도대체

      ＊world: 세계, 세상

◇ I would not ***in the world*** believe him.
(나는 그를 전혀 믿지 않을 것이다.)

공식분석

이 공식에 쓰이는 전치사 **in**은 「~안에, ~사이에, ~을 하고, ~에 종사하여」의 뜻으로 "위치, 시간, 상태, 환경, 영역" 등을 나타낸다.

in the air(퍼져)의 **in**은 「영역」을 나타내고

in the distance(저 멀리에)의 **in**은 「위치」를 나타내고

in the end(마침내)의 **in**은 「관계」를 나타낸다.

《on+the+명사》형

<ex.> on the air

---

120 on the air [on ðə ɛər, 온더 에어] 방송중인(=broadcast)

* air: 공기, 공중; 항공

◇ What's **on the air** today?

(오늘 무엇이 방송됩니까?)

---

121 on the contrary [on ðə kántreri, 온더 칸트레리] 그러기는 커녕(=far from it);이와 반대로

* contrary: 반대, 모순

◇ **On the contrary**, I haven't begun yet.

(그러기는 커녕, 나는 아직 시작도 않했다.)

참고 *cf.* **to** *the contrary*: 그것과는 반대로(=in opposition to that)

<ex.> There was no evidence **to** *the contrary*.

(그것과 반대되는 증거는 아무것도 없다.)

* evidence [évədəns, 에버던스] 명 증거

22 **on the one hand** [on ðə wʌn hænd, 온더 원 핸드]
한 편으로는(=on the one side)

◇ **On the one hand** he teaches English, and *on the other hand* he writes poems.
(그는 한편으로는 영어를 가르치고, 또 다른 한편으로는 시를 쓴다.)

23 **on the way** [on ðə wei, 온더 웨이] 도중에(=one one's way)

◇ I met him **on the way** to school.
(학교 가는 도중에 나는 그를 만났다.)

24 **on the whole** [on ðə houl, 온더 호울] 대체로(=in general)

＊whole: 전부, 전체
◇ The weather is warm **on the whole**.
(대체로 기후는 따뜻하다.)

공식분석

이 공식에 쓰이는 접속사 **on**은 「~위에, ~에, ~에 관하여」의 뜻으로 "접촉, 방향, 종사, 방법" 등을 나타낸다.
on the air(방송중인)의 **on**은 종사를 나타내고
on the way(도중에)의 **on**은 방향을 나타낸다.

≪전치사+oneself≫형

<ex.> by oneself

---

125 by oneself[bai wʌnsélf, 바이 원셀프] 혼자서(=alone), 혼자힘으로

* oneself: 자기 자신을〔에게〕

◇ She lives in the country **by herself**.
(그녀는 혼자서 시골에서 산다.)

126 beside oneself[besaid wʌnsélf, 비사이드 원 셀프] 제 정신이 아닌(=out of one's mind)

* beside:~의 곁에, ~을 벗어나

◇ He is **beside himself** with joy.
(그는 기뻐서 제 정신이 아니었다.)

127 for oneself[fɔːr wʌnsélf, 포어 원셀프] 독력으로(=by one's own efforts)

◇ You must do it **for yourself**.
(너는 독력으로 그것을 해야한다.)

128 **in itself**[in itsélf, 인 잇셀프] 본래(=essentially), 그 자체로는

◇ Youth is *in itself* a hope.
(젊음 그 자체로는 하나의 희망이다.)

129 **of oneself**[ɔv wʌnsélf, 어브 원셀프] 자연히 (=naturally), 저절로

◇ The door opened *of itself*.
(문이 저절로 열렸다.)

공식분석 --

이 공식에는 재귀대명사 **oneself**가 전치사 다음에 오게된다. 따라서 이때의 숙어는 전치사의 뜻에 좌우된다고 볼 수 있다.

by oneself(혼자의)의 **by**는 「~에 의해서」 뜻으로 행위자를 나타내고

beside oneself(제 정신이 아닌)의 **beside**는 「~을 벗어나」 의 뜻으로 '이탈이나 이상'의 뜻을 나타낸다.

공식 22 ≪명사+by+명사≫형

<ex.> day by day

---

130 **day by day**[dei bai dei, 데이 바이 데이] 나날이(=day after day), 날마다

* day: 날, 하루; 낮

◇ It is getting warmer ***day by day***.
(날씨가 나날이 따뜻해진다.)

---

131 **one by one**[wʌn bai wʌn, 원 바이 원] 하나[한사람]씩

* one: 하나, 한사람

◇ They stood up ***one by one***.
(그들은 한 사람씩 일어났다.)

---

132 **bit by bit**[tiv bai bit, 빗 바이 빗] 조금씩(=little by little), 점차

* bit: 소량, 조금; 작은조각

◇ She is getting well ***bit by bit***.
(그녀는 조금씩 좋아지고 있다.)

133 **side by side** [said bai said, 싸이드 바이 싸이드] 나란히
(=in parallel)

* side: 측, 측면; 쪽

◇ The two girls stood *side by side*.
(그 두 소녀는 나란히 서 있었다.)

134 **little by little** [litl bai litl, 리틀 바이 리틀] 조금씩
(=bit by bit), 점점

* little: 조금

◇ You must learn *little by little*.
(너는 조금씩 배워야 한다.)

공식분석 --------

이 공식에 쓰이는 전치사 **by**는 「~옆에, 곁에」의 뜻으로 "위치, 정도, 반복" 등을 나타낸다. 이 공식에 쓰이는 **by**는 「반복」을 나타내어 명사 사이에 들어간다.

135 day after day [dei ǽftər dei, 데이 애프터 데이] 날마다
(everyday)

* after: 후에, 다음에
◇ She comes here ***day after day***.
(그녀는 날마다 여기에 온다.)

135 hour after hour [áuər ǽftər áuər, 아우어 애프터 아우어] 매시간(=every hour)

* hour: 시간, 시각
◇ The news are given ***hour after hour***.
(뉴스는 매시간마다 있다.)

136 one after another [wʌn ǽftər ənʌ́ðər, 원 애프터 언어더] 차례로(=in turn), 잇따라

* anther: 또 다른 한 개[한 사람]
◇ I saw cars go by ***one after another***.
(나는 자동차가 잇따라 지나가는 것을 보았다.)

《명사+in[to]+명사》형

<ex.> *hand in hand*

---

137 **hand in hand**[hænd in hænd, 핸드 인 핸드] (손에) 손을 맞잡고

* hand: 손, 인부

◇ The couple were walking ***hand in hand***.
(그 부부는 손을 맞잡고 걷고 있었다.)

138 **arm in arm**[ɑːrm in ɑːrm, 아암 인 아암] 팔짱을 끼고

* arm: 팔; 힘

◇ He walked ***arm in arm*** with his mother.
(그는 어머니와 팔짱을 끼고 걸었다.)

139 **face to face**[feis tu feis, 페이스 투 페이스] 얼굴을 맞대고〔마주 보고〕

* face: 얼굴, 면목; 표면

◇ They talked to each other ***face to face***.
(그들은 서로 얼굴을 마주보고 대화를 나누었다.)

 ten to one [ten tu wʌn, 텐투원] 십중팔구, 거의 틀림없이

◇ ***Ten to one*** he will fail.
(십중팔구 그는 실패할 것이다.)

공식분석

이 공식에 쓰이는 전치사 in「~안에, ~에」의 뜻으로 "접촉, 관계"를 나타내고, 또 전치사 **to**는 「~에, ~까지」의 뜻으로 "대립, 대면, 상황" 등을 나타낸다.

이 공식의 특징은 전치사 in이나 to가 명사와 명사 사이에 들어가고 있는 것이다.

공식 25 《부사+and+부사》형

<ex.> here and there

---

141 **here and there** [hiə*r* æn(d) ðɛə, 히어 앤 데어] 여기 저기(에)(=from place to place)

◇ They walked about ***here and there***.
(그들은 여기저기를 돌아다녔다.)

---

142 **more and more** [mɔː*r* æn(d) mɔː*r*, 모어 앤 모어] 더욱더(=still more), 점점 더

＊more: 더 많은, 더 큰(many, much의 비교급)

◇ People gathered ***more and more***.
(사람들은 점점 더 많이 모였다.)

---

143 **now and then** [nau æn(d) ðen, 나우 앤 덴] 때때로 (=from time to time)

＊then: 그때, 그 당시

◇ He goes there ***now and then***.
(그는 때때로 그곳에 간다.)

¹⁴⁴ **on and off** [ɔn æn(d) ɔf, 온 앤 오프] 때때로(=once in a while)

◇He visited there *on and off*.
(그는 그곳을 때때로 방문했다.)

• 때때로 : **on and off**
=once in a while
=now and then
=from time to time
=at times

¹⁴⁵ **on and on** [ɔn æn(d) ɔn, 온 앤 온] 계속해 (=continuously), 자꾸

◇He ran *on and on*.
(그는 달리고 또 달렸다.)

공식분석

이 공식에 쓰이는 접속사 **and**「~와[과], 그리고, 또」의 뜻으로 대등한 품사를 연결하는 등위접속사이며 "상황, 반복, 반추"를 나타낸다. 이 공식의 특징은 부사 사이에 **and**가 들어가는 것이다.

§2.동사적 용법의 숙어

동사적 용법의 숙어는 하나의 숙어가 동사의 역할을 하는 것을 말하는데, 다음과 같이 어결합을 이루고 있다.

1.〈동사+전치사〉
2.〈동사+부사〉
3.〈동사+형용사〉
4. 〈동사+명사〉
5.〈동사+관사+명사+전치사〉
6.〈동사+one's+명사〉
7. 〈동사+명사+전치사〉
8.〈동사+oneself+전치사〉
9.〈동사+형용사[부사]+of〉
10.〈동사+부사+전치사〉
11.〈동사+전치사+명사〉
12.〈동사+A+전치사+B〉
13.〈동사+to부정사〉
14.〈동사+동명사〉

≪동사+to≫형

<ex.>agree to

146 agree to [əgríːtu, 어그리 투] ~에 동의하다(=consent), 찬성하다

* agree: 동의하다, 찬성하다

◇ I ***agree to*** your plan.
(나는 너의 계획에 동의한다.)

> 참고 ◤ **사람**이 목적어인 경우에 to 대신에 **with**가 온다.
>
> <ex.> She *agree **with*** me.
>
> (그녀는 나의 의견에 동의하였다.)

147 answer to [ǽnsər tu, 앤서 투] ~에 일치하다 (=correspond to) ~에 답하다(=reply to)

* answer: 대답하다 ; 응하다

◇ His words ***answer to*** the fact.
(그의 말은 그 사실과 일치한다.)

148 attend to [əténd tu, 어텐드 투] ~을 주의해서 듣다(=listen to) ~에 주의하다

* attend: 출석하다, 주의하다

◇ They ***attended to*** his speech.
(그들은 그의 말을 주의해서 들었다.)

¹⁴⁹ **add to** [æd tu, 애드 투] ~을 증가시키다(=increase), 늘리다
(=enlarge)

* add: 더하다, 가산하다
◇ This will **add to** his pleasure.
(이것은 그의 기쁨을 증가시킬 것이다.)

¹⁵⁰ **belong to** [bilɔ́ŋ tu, 비롱 투] ~의 것이다(=be owned by),
~에 속하다

* belong: 속하다, 소유하다
◇ This computer **belongs to** me.
(이 컴퓨터는 나의 것이다.)

¹⁵¹ **cling to** [kliŋ tu, 크링 투] ~에 집착하다(=stick to), 고집하
다

* cling: 들러붙다, 매달리다
◇ He **clings to** his opinion.
(그는 자기의 견해에 집착한다.)

유어속이

  * ~에 집착하다: **cling to**
      =stick to
      =adhere to
      =hold to

¹⁵² **come to** [kʌm tu, 컴투] ~에 달하다(=reach, comp up to)
◇ The sum **comes to** 100$
(합계가 100달러가 된다.)

153 **get to** [get tu, 겟투] ~에 도착하다(=arrive at, reach)

＊get: 얻다, 이르다

◇ He **got to** Busan at 9.
(그는 9시에 부산에 도착하였다.)

154 **listen to** [lisn tu, 리슨 투] ~을 경청하다(=give ear)

◇ He doesn't **listen to** me.
(그는 내 말에 귀를 기울이지 않는다.)

155 **occur to** [əkə́:r tu, 어커 투] (머리에) 떠오르다(=strike, hit) 생각이 나다(=cross one's mind)

＊occur: 일어나다, 생기다

◇ A good idea **occurred to** me.
(좋은 생각이 내 머리에 떠올랐다.)

156 **refer to** [rifər tu, 리퍼 투] ①~을 언급하다(=speak of) ②~을 참조하다(=consult)

＊refer: 언급하다, 참조하다

◇ He **referred to** this car yesterday.
(그는 어제 이 차를 언급하였다.)

◇ **Refer to** a dictionary. (사전을 참조하시오.)

157 **see to** [siːtu, 씨투] ① ~에 유의하다(=attend to)
② ~을 돌보다(=look after)

* see: 보다, 살펴보다

◇ I' ll **see to** closing the door.
(내가 문을 닫는데 유의하겠습니다.)

◇ You must **see to** the child.
(네가 그 어린이를 돌보아야 한다.)

158 **stick to** [stik tu, 스틱 투] ~을 고수하다, 집착하다(=cling to)

* stick: 찔리다, 달라붙다

◇ He **sticks to** his goal.
(그는 자기 목표에 집착하고 있다.)

159 **succeed to** [səksíːd tu, 석씨드 투] ~을 계승하다 (=inherit)

* succeed: 성공하다, 뒤를 잇다

◇ He will **succeed to** his family business.
(그는 그의 가업을 계승할 것이다.)

참고 *cf.* succeed **in**: ~에 성공하다

<ex.> He *succeed* **in** his business.
(그는 사업에 성공하였다.)

160 **correspond to** [kɔːrəspánd tu, 코러스판드 투] ~와 일
치하다(=accord with)

* correspond: 일치하다, 부합하다

◇ His words **_correspand to_** his actions.
(그의 말은 그의 행동과 일치한다.)

161 **yield to** [jiːld tu, 일드 투] ~에 지다, 굴복하다(=give way
to)

* yield: 산출하다 ; 지다

◇ Finally she **_yielded to_** the temptation.
(결국 그녀는 유혹에 굴복하였다.)

공식분석

이 공식에 쓰이는 전치사 **to**는 「~에, ~까지」의 뜻으로 "관
계, 접촉, 집착"이나 "적합, 합치, 소속" 등을 나타내는 용법의
to이다.

우리말의 뜻으로는 대개 「~에」 뜻으로 가장 많이 나타난다.

agree to(~에 동의하다)의 **to**는 관계를 나타내고

stick to(~을 고수하다)의 **to**는 집착을 나타내고

belong to(~의 것이다)의 **to**는 소속을 나타낸다.

≪동사+at≫형

<ex.> arri e at

162 arrive at [əráiv æt, 어라이브 앳] ~에 도착하다(=get to, reach)

* arrive: 도착하다, 도달하다

◇ He **arrive at** the station at 7.
(그는 7시에 역에 도착하였다.)

참고 ➡ 넓은 지역에는 「arrive **in**」을 사용한다.

<ex.> She *arri ed* **in** Seoul yesterday.
(그는 어제 서울에 도착하였다.)

163 aim at [eim æt, 에임앳] ~을 목표로 하다(=focus on)

* aim: 겨냥하다, 목표삼다

◇ All of us **aim at** success.
(우리 모두는 성공을 목표로 한다.)

164 call at [kɔːl æt, 콜앳] ~을 방문하다(=visit)

* call: 부르다; 전화걸다; 방문하다

◇ He **called at** my house yesterday.
(그는 어제 우리집을 방문하였다.)

참고 ➡ 목적어가 사물이 아니고 **사람**일 때는 전치사 **on**이 온다.

<ex.> I will *call* **on** him tomorrow.
(나는 내일 그를 방문할 것이다.)

165 **catch at** [kæʧ æt, 캣취 앳] ~을 잡으려하다(=grasp, grip)

    * catch: 붙들다, 잡다

◇ A drowning man will **catch at** a straw.
(물에 빠진 사람은 지푸라기라도 붙잡는다.)

    * drown [draun, 드라운] 물에 빠지다
    * straw [strɔː, 스트로] 짚

166 **gaze at** [geiz æt, 게이즈 앳] ~을 응시하다(=stare at)

    * gaze: 지켜보다, 응시하다

◇ He **gazed at** the distant sea.
(그는 먼 바다를 응시하였다.)

167 **laugh at** [læf æt, 래프 앳] ~을 비웃다(=deride)

    * laugh: 웃다

◇ He **laughed at** me.
(그는 나를 비웃었다.)

168 **look at** [luk æt, 룩 앳] ①~을 보다(=see), 주시하다
(=watch)
②~을 조사하다(=examine)

◇ He **looked at** the matter very diffferently.
(그는 그 문제를 매우 다르게 바라보았다.)

¹⁶⁹ **work at** [wəːrk æt, 워크 앳] ~에 종사하다(=be engaged in) ~을 공부하다(=study)

* work: 일하다, 공부하다

◇ He is ***working at*** English.
(그는 영어를 공부하고 있다.)

공식분석

이 공식에 쓰이는 전치사 **at**은 「~에 ~로」의 뜻으로 "장소(좁은 곳), 목표, 대상, 종사" 등을 나타낸다.

arrive at(~에 도착하다)의 **at**은 장소(좁은 곳)을 나타내고

gaze at(~을 응시하다)의 **at**은 목표를 나타내고

work at(~에 종사하다)의 **at**은 종사를 나타내는 용법의 at이다.

≪동사+from≫형

<ex.> come from

170 come from[kʌm frəm, 컴 프럼] ~출신이다(=be born in) ~에서 유래하다(=derive from)

◇He ***comes from*** New York.
(그는 뉴욕 출신이다.)

171 date from[deit frəm, 데이트 프럼] ~에서 시작〔유래〕하다 (=originate from)

* date: 날짜가 있다, 시작하다

◇The college ***dates from*** the 17th century.
(그 대학은 17세기부터 시작하고 있다.)

172 die from[dai frəm, 다이프럼] ~으로 죽다(=decease from)

◇He ***died from*** drinking too much.
(그는 과음으로 죽었다.)

참고 *cf.* die **from**은 상처나 부주의로 죽은 경우에 쓰고

die **of**은 병·굶주림·노령으로 죽을 때 사용한다.

<ex.> He **died *of*** old age.
(그는 노령으로 죽었다.)

173 differ from [dífər frəm, 디퍼 프럼] ~과 다르다 (=be different from)

* differ: 다르다

◇ He *differs from* his brother in opinion.
(그는 자기 형과 의견이 다르다.)

174 hear from [hiər frəm, 히어 프럼] ~에서 소식을 듣다, 편지를 받다

◇ I've not *hear from* him since.
(나는 그후 그로부터 소식을 듣지 못했다.)
참고 *cf.* hear **of**: 의 소문을 듣다, ~을 전해듣다.

<ex.> He was never *heard of* since.
(그후 그의 소문이 딱 끊어졌다.)

175 refrain from [rifréin frəm, 리프레인 프럼] ~을 삼가다 (=abstain from)

* refrain: 그만두다, 삼가다

◇ We must *refrain from* smoking.
(흡연을 삼가해야 한다.)

176 result from [rizʌ́lt frəm, 리절트 프럼] ~에서 생기다 (=arise from)

* result: 결과로서 일어나다

◇ His failure *resulted from* idleness.
(그의 실패는 나태에서 생겼다.)

<ex.> The plan *resulted **in*** failure.

(그 계획은 결국 실패로 끝났다.)

177 **suffer from** [sʌ́fər frəm, 서퍼 프럼] ~을 앓다(=be afflicted with)

* suffer:괴로워하다, 앓다

◇ He is ***suffering from*** a bad cold.
(그는 독감으로 앓고 있다.)

공식분석

이 공식에 쓰이는 전치사 **from**은 「~에서, ~로부터」의 뜻으로 "출처, 기원, 원인, 구별" 등을 나타내는 전치사의 용법이다.
come from(~의 출신이다)의 **from**은 출처를 나타내고
die from(~로 죽다)의 **from**은 원인을 나타내고
differ from(~과 다르다)의 **from**은 차이를 나타낸다.

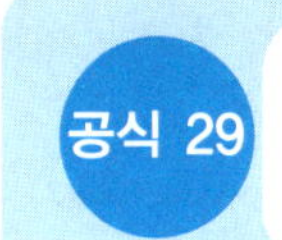

≪동사+for≫형

<ex.> account for

---

178 account for [əkáunt fɔːr, 어카운트 포어] ~을 설명하다
(=explain)

---

* account: 설명을 하다, 밝히다

◇ This ***accounts for*** his ignorance.
(이것은 그의 무식함을 설명해 준다.)

---

179 answer for [ǽnsər fɔːr, 앤서 포어] ~에 책임이 있다(=be
responsible for)

---

* answer: 대답하다, 책임지다

◇ I will ***answer for*** his safety.
(나는 그의 안전을 책임질 것이다.)

---

180 ask for [æsk fɔːr, 애스크 포어] ~을 요구하다(=request,
seek after)

◇ The workers ***asked for*** a pay hike.
(노동자들은 임금 인상을 요구하였다.)

참고 *cf.* ask **after**:~의 안부를 묻다(=inquire after)

<ex.>He *asked **after*** her.

(그는 그녀의 안부를 물었다.)

181 **call for**[kɔːl fɔːr, 콜 포어] ①~을 요구하다(=ask for)~을 큰소리로 부르다
②~을 데리러 가다(=pick up)

* call: 소리쳐 부르다, 전화걸다

◇He *called for* a glass of beer.
(그는 맥주 한 잔을 요구하였다.)

◇I will *call for* you at eight.
(제가 8시에 당신을 모시러 가겠습니다.)

182 **care for**[kɛər fɔːr, 케어 포어] ①~을 돌보다(=look after)
②~을 좋아하다(=like, be fond of)

* care: 염려하다, 돌보다

◇She must *care for* the child.
(그녀는 그 어린이를 돌보아야 한다.)

◇He *cares for* these sweets.
(그는 이들 과자를 좋아한다.)

183 **feel for**[fiːl fɔːr 필 포어] ①~을 더듬어 찾다(=grope for)
②~을 동정하다(=sympathize with)

* feel: 느끼다; 더듬다

◇I *felt for* a match in the dark.
(나는 어둠속에서 성냥을 더듬어 찾았다.)

184 **leave for**[liv fɔːr, 리브 포어] ~을 향해 떠나다(=depart for)

* leave: 떠나다, 출발하다

◇ He *left for* London at 10.
(그는 10시에 런던으로 떠났다.)

185 **long for**[lɔːŋ fɔːr, 롱 포어] ~을(간절히) 바라다(=wish)

* long: 간절히 바라다, 동경하다

◇ We *long for* peace.
(우리는 평화를 열망하고 있다.)

유어숙어

• ~을 간절히 바라다 : **long for**
=yearn for
=hunger for

186 **go for**[gou fɔːr, 고우 포어] ~을 가지러가다(=go to fetch), ~하러 가다(=go to do)

◇ He *went for* a glass of water.
(그는 물 한 잔을 가지러 갔다.)

187 **look for**[luk fɔːr, 룩 포어] ~을 찾다(=search for)

* look: 바라보다, 주시하다

◇ He is *looking for* a job.
(그는 일자리를 찾고 있다.)

¹⁸⁸ **pass for** [pæs fɔːr, 패스 포어] ~로 통하다(=figure as)

* pass:지나다, 통용되다

◇ He *passes for* a actor.
(그는 배우로 통하고 있다.)

¹⁸⁹ **send for** [send fɔːr, 센드 포어] ~을 부르러 보내다(=order one to come)

* send: 보내다, 파견하다

◇ They must *send for* the doctor.
(그들은 의사를 부르러 사람을 보내야 하다.)

¹⁹⁰ **stand for** [stænd fɔːr, 스탠드 포어] ①~을 나타내다 (=represent) ②~을 지지하다 (=support)

* stand: 서다, (~에)있다

◇ UN *stands for* United Nations.
(유엔은 United Nations를 나타낸다.)
*United Nations: 연합된 국가들→국제연합

◇ We *stand for* liberty.
(우리는 자유를 지지한다.)

191 **make for** [meik fɔːr, 메이크 포어] ~쪽으로 나아가다(=go toward)

* make: 만들다, 작성하다

◇ He ***made for*** the door.
(그는 문쪽으로 나아갔다.)

192 **provide for** [prəváid fɔːr, 프러바이드 포어] ~을 준비하다 (=get ready for)

* provide: 제공하다, 공급하다

◇ He ***provided for*** his guests.
(그는 손님접대 준비를 하였다.)

193 **wait for** [weit fɔːr, 웨이트 포어] ~을 기다리다(=await)

◇ I'm ***waiting for*** a bus.
(나는 버스를 기다리고 있다.)

공식분석

이 공식에 쓰이는 전치사 **for**는 「~을 위하여, 향하여, ~때문에」의 뜻으로 "원인·이유, 목적, 추구, 준비, 방향" 등을 나타내는 용법이다.

account for(~을 설명하다)의 **for**는 이유를 나타내고
make for(~의 쪽으로 가다)의 **for**는 방향을 나타낸다.

≪동사+in≫형

<ex.> belie e in

---

194 believe in [biliːv in, 빌리브 인] ~의(존재를) 믿다(=have faith in)

    * believe: 믿다, 신용하다

◇ She don't **believe in** God.
(그녀는 신을 믿지 않는다.)

---

195 consist in [kənsíst in, 컨시스트 인] ~에 있다(=lie in), 존재하다(exist)

    * consist:~으로 되다, (~에)존재하다

◇ Happiness **consist in** contentment.
(행복은 만족하는데 있다.)

---

196 deal in [diːl in, 딜 인] ~을 장사하다(=trade in), 취급하다

    * deal: 다루다, 처리하다

◇ They **deal in** vegetables.
(그들은 채소를 장사한다.)

참고 *cf.* deal **with**:~을 다루다(=treat)

    <ex.>History *deals **with*** the past.
(역사는 과거를 다룬다.)

197 **fail in** [feil in, 페일 인] ~에 실패하다(=flunk)

◇ He will not *fail in* the examination.
(그는 시험에 실패하지 않을 것이다.)

198 **lie in** [lai in, 라이 인] ~에 있다(=consist in)

* lie: 눕다, ~에 있다
◇ A man's worth *lies in* his ability.
(사람의 가치는 그의 능력에 있다.)

199 **participate in** [pɑːrtísəpeit in, 파티써페이트 인] ~에 참가하다(=take part in, join)

* participate: 참가하다, 관여하다
◇ He *participated in* the meeting.
(그는 그 모임에 참가하였다.)

200 **result in** [rizʌ́lt in, 리절트 인] (결국)~로 끝나다(=end in)

* result: 결과로서 일어나다, 생기다
◇ All his plans *resulted in* failure.
(그의 모든 계획은 결국 실패로 끝났다.)

참고 *cf.* result **from**: ~에서 생기다

201 **share in** [ʃɛər in, 쉐어 인] ~을 분담하다, 함께하다(=join)

＊share: 분배하다, 나누다

◇I' ll ***share in*** the cost of the book.
(내가 그 책값을 분담하겠습니다.)

202 **succeed in** [sʌksíːd in, 썩씨드 인] ~에 성공하다
(=get on)

◇She will ***succeed in*** the examination.
(그녀는 시험에 성공할 것이다.)

참고 *cf.* succeed **to**: ~을 계승하다

공식분석

이 공식에 쓰이는 **in**은 「~안에, 속으로 ~중에」의 뜻으로 "상태, 환경, 종사, 활동" 등을 나타내는 용법이다.
deal in(~을 장사하다)의 in은 종사를 나타내고
fail in(~에 실패하다)의 in은 환경을 나타내고
participate in(~에 참가하다)의 in은 활동을 나타낸다.

《동사+with》형

<ex.>agree with

03 **agree with** [əgríː wið, 어그리 위드] ~와 의견이 일치하다
(=consent to)

＊agree: 동의하다, 찬성하다

◇ I cannot **agree with** you.
(나는 당신과 의견을 같이할 수 없습니다.)

04 **begin with** [bigin wið, 비긴 위드] ~로 시작하다(=start from)

＊begin: 시작하다, 착수하다

◇ His speech **began with** a joke.
(그의 연설은 농담으로 시작했다.)

05 **consist with** [kənsíst wið, 콘시스트 위드] ~와 일치하다(-accord with)

＊consist:~로 되다, ~에 일치하다

◇ It **consists with** the facts.
(그것은 사실과 일치한다.)

참고 *cf.* consist **of**:~으로 구성되다
consist **in**:~에 있다

206 **deal with** [diːl wið, 딜 위드] ~을 다루다(=handle), 취급하다

* deal:다루다, 처리하다

◇ This book **deals with** Britain.

(이 책은 영국을 다루고 있다.)

참고 *cf.* deal **in**: ~을 장사하다

207 **do with** [duː wið, 두 위드] ① ~을 처치하다(=dispose of)
② ~을 참다(=put up with)

◇ What have you **done with** my pen?

(너는 내 펜을 어떻게 하였지?)

◇ I can't **do with** his arrogance.

(나는 그의 거만함에 참을 수가 없다.)

208 **meet with** [miːt wið, 미-트 위드] ①~을 우연히 만나다
(=come across)
②~을 경험하다
(=experience)

* meet: 만나다, 마주치다

◇ I **met with** a friend in the bus.

(나는 버스에서 한 친구를 우연히 만났다.)

◇ He **met with** an accident yesterday.

(그는 어제 사고를 당했다.)

주 met은 meet의 과거, 과거분사

09 **coincide with**[kouinsáid wið,　코우인사이드 위드]~
와 부합하다(=accord with)

* coincide: 동시에 일어나다, 일치하다

◇ His idea ***coincided with*** yours.
(그이 생각은 너와 같았다.)

10 **part with**[pɑːrt wið, 파-트 위드]~을 내놓다(=give up)

* part: 내어놓다, 헤어지다

◇ He has ***part with*** his car.
(그는 이미 차를 내놓았다.)

공식분석

이 공식에 쓰이는 전치사 **with**는 「~와 함께, ~와, ~으로」의
뜻으로 "일치, 조화, 관련, 접촉" 등을 나타낼 때 쓰게 된다.
　agree with(~와 의견이 일치하다)의 **with**는 일치를 나타내
　고
　meet with(~와 부합하다)의 **with**는 접촉을 나타내고
　part with(~을 내놓다)의 **with**는 관련을 나다낸다.

≪동사+of≫형
<ex.> become of

211 become of[bikʌ́m əv, 비컴 어브]~이 (어떻게)되다
(=happen to)

　　* become: ~이 되다

◇ What has **become of** him?
(그는 어떻게 되었습니까?)

212 boast of[boust əv, 보우스트 어브]~을 자랑하다(=be
proud of)

　　* boust: 자랑하다

◇ He **boasts of** his riches.
(그는 자기의 재산을 자랑한다.)

213 complain of[kəmpléin əv, 컴플레인 어브]~을 불평하다
(=grumble at)

　　* complain: 불평하다

◇ He is always **complaining of** his fate.
(그는 항상 자기운명을 불평만 하고 있다.)

214 **consist of**[kənsist əv, 컨시스트 어브] ~로 이루어지다
(=be made up of)

* consist: 이루어져있다

◇Our class **consists of** thirty boys.
(우리 학급은 30명의 소년으로 이루어져 있다.)

참고 *cf.* consist **in**:~에 있다(=lie in)

consist **with**:~와 일치하다

215 **die of**[dai əv, 다이 어브] ~로 죽다

◇He **died of** heart trouble.
(그는 심장병으로 죽었다.)

참고 *cf.* die **of**: 병, 노쇠, 기아 등으로 죽다

die **from**: 부상, 과로, 부주의 등으로 죽다

be killd: 전쟁, 사고로 죽다

216 **dream of**[driːm əv, 드림 어브] ~의 꿈을 꾸다(=fancy
oneself)

* dream: 꿈을 꾸다

◇He **dreams of** becoming a singer.
(그는 가수가 되는 것을 꿈꾼다.)

217 **hear of**[hiər əv, 히어 어브] ~의 소문(소식)을 듣다(=hear rumor of)

◇He has not been *__heard of__* since.
(그후로 그의 소식을 듣지 못했다.)

218 **think of**[θiŋk əv, 씽크 어브] ~을 생각하다(=consider)

＊think : 생각하다

◇I'm *__thinking of__* getting married.
(나는 결혼하는 것을 생각하고 있다.)

공식분석

이 공식에 쓰이는 **of**는 「~의, ~에 속하는 ~로」의 뜻으로 "관계, 요소, 기원, 원인" 등을 나타내는 용법이다.
　boast of(~을 자랑하다)의 **of**는 관계를 나타내고
　consist of(~으로 이루어지다) **of**는 요소를 나타내고
　die of(~로 죽다)의 **of**는 원인을 나타낸다.

≪동사+on [upon]≫형

<ex.> attend on

---

219 attend on [əténd ɔːn, 어텐드 온] ①～을 돌보다(=look after) ②～에 시중들다(=wait on)

* attend: 출석하다; 보살피다

◇ He *attended on* his sick father.
(그는 아픈 아버지를 간호하였다.)

220 call on [kɔːl ɔːn, 콜온] ～을 방문하다(=visit)

* call: 부르다;들르다

◇ He *called on* Mr. Smith.
(그는 스미스씨를 방문하였다.)

참고 ➡ *cf.* 장소를 방문할 때는 call **at**을 쓴다.

<ex.> He *callet at* my house yesterday.

(그는 어제 나의 집을 방문하였다.)

221 count on [kaunt ɔːn, 카운트 온] ～을 믿다, 의지하다(=rely on)

* count: 세다; 의지하다

◇ He *counts on* her help.
(그는 그녀의 도움에 의지하고 있다.)

222 **decide on** [disáid ɔːn, 디싸이드 온] ~로 결정하다 (=fix on)

---

* decide: 결정하다, 결심하다

◇ I have **decided on** going.
(나는 가기로 결정하였다.)

223 **depend on** [dipénd ɔːn, 디펜드온] ~을 믿다, 의지하다 (=rely on)

---

* depend: 나름이다, 의지하다, 믿다

◇ He **depends on** his friend.
(그는 자기친구를 믿고 있다.)

224 **dwell on** [dwel ɔːn, 드웰온] ~을 곰곰히 생각하다 (=brood on)

---

* dwell: 살다, 머무르다

◇ She **dwelt on** her past life.
(그녀는 과거의 생활을 곰곰히 생각하였다.)

225 **fall on** [fɔːl ɔːn, 폴온] ① ~에 해당되다 (=come under) ② ~을 습격하다 (=attack)

---

* fall: 떨어지다, 일어나다

◇ My birthday **falls on** Sunday.
(나의 생일은 일요일에 해당된다.

226 **feed on** [fiːd ɔːn, 피드온] ~을 먹고 산다(=live on)

> * feed: 먹이로 하다

◇ The lions *feed on* flesh.
(사자는 고기를 먹고 산다.)

227 **hit on** [hit ɔːn, 힛온] 갑자기(머리에) 떠오르다(=occur to)

> * hit: 치다, 우연히 생각하다

◇ I *hit on* a good idea.
(나는 좋은 생각이 갑자기 떠올랐다.)

228 **live on** [liv ɔːn, 리브온] ~을 먹고 살다(=feed on)

◇ We *live on* rice.
(우리는 쌀을 먹고 산다.)

228 **rely on** [rilái ɔːn, 리라이 온] ~을 믿다, 의지하다(=depend on)

> * rely: 의지하나, 신뢰하다

◇ He *relies on* others for help.
(그는 도움을 남들에게 의지한다.)

유어숙어

```
* ~을 믿다, 의지하다 : rely on
                    =depend on
                    =count on
                    =rest on
```

229 **tell on** [tel ɔːn , 텔온] ~에 영향을 주다(=have an effect on)

*tell: 말하다; 효과가 있다

◇ His age is beginning to ***tell on*** him.
(그의 나이가 그에게 영향을 주기 시작한다.)

230 **try on** [trai ɔːn , 트라이온] ~을 한 번 입어보다

*try: 시도하다, 노력하다

◇ May I ***try on*** this hat?
(이 모자를 한 번 써봐도 됩니까?)

공식분석

이 공식에 쓰이는 전치사 **on**은 「~위에, ~에 관한, ~로」의 뜻으로 "부착, 관계, 지지, 의존" 등을 나타내는 전치사의 용법이다. 이때 **upon**으로 대용할 수가 있는데, 구어체 등에서는 **on**을 보다 선호하고 있다.

depend on(~에 의존하다)의 **on**은 의존을 나타내고
live on(~을 먹고 살다)의 **on**은 지지를 나타내고
try on(~을 입어 보다)의 **on**은 부착을 나타낸다.

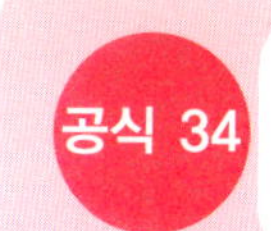

≪동사+over≫형

<ex.>get o er

---

231 get over [get óubər, 겟 오우버] ~을 이기다, 극복하다
(=overcome)

---

* get: 얻다, 받다

◇ He has **got over** the difficulty.
(그는 그 어려움을 극복하였다.)

232 give over [giv óubər, 기브 오우버] ~을 넘겨주다 (=turn over)

---

* give: 주다, 수여하다

◇ He **gave over** his books to his brother.
(그는 자기책을 동생에게 넘겨주었다.)

233 run over [rʌn óubər, 런 오우버] ~에 치이다 (=be hit by)

---

* run: 달리다, 도망가다

◇ The old man was **run over** by a bus.
(그 노인은 버스에 치였다.)

234 **talk over** [tɔːk óubər, 토크 오우버] ~에 대해 의논하다
(=discuss)

* talk: 말하다, 이야기하다

◇ I *talked over* the matter with him.
(나는 그 문제를 그와 의논하였다.)

235 **think over** [θiŋk óubər, 씽크 오우버] ~을 숙고하다
(=consider)

* think: 생각하다, 숙고하다

◇ You must *think over* the matter.
(너는 그 문제를 숙고해야 한다.)

공식분석

이 공식에 쓰이는 전치사 **over**는 「~위에, ~을 초과하여)의 뜻으로 "초과, 극복, 대상" 등을 나타내는 용법에 쓰인다.
get over(~을 극복하다)의 **over**는 극복을 나타내고
think over(~을 숙고하다)의 **over**는 대상을 나타낸다.

≪동사+about≫형

<ex.>care about

236 care about [kεər əbaut, 케어 어바우트] ~에 관심을 가지다(=be concerned about)

* care: 걱정하다 ; 돌보다

◇ I don't **care about** your words.
(나는 너의 말에 관심을 갖지 않는다.)

237 set about [set əbaut, 셋 어바우트] ~을 착수하다(=start)

* set: 두다 ; 시작하다

◇ You must **set about** your work at once.
(너는 즉시 일을 시작해야 한다.)

238 talk about [tɔk əbaut, 토크 어바우트] ~에 대해 이야기하다(=talk over)

* talk: 말하다, 이야기하다

◇ What you are **talking about**?
(무엇을 이야기하고 있습니까?)

²³⁹ **think about** [θiŋk əbaut, 씽크 어바우트] ~을 생각하다
(=think of)

* think: 생각하다, 숙고하다

◇ I'll *think about* it.
(생각해 볼께요.)

²⁴⁰ **worry about** [wə́ːri əbaut, 워리 어바우트] ~을 걱정하다
(=be concerned about)

* worry: 걱정하다, 조심하다

◇ There is nothing to *worry about*.
(걱정할 것은 아무것도 없다.)

공식분석

이 공식에 쓰이는 전치사 **about**는 「~에 관하여, 대하여」의 뜻으로 "관심, 대상, 환경"을 나타낼 때 쓰인다.

care about(~에 관심을 가지다)의 **about**는 관심을 나타내고

worry about(~을 걱정하다)의 **about**는 대상을 나타낸다.

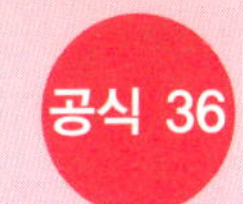

《동사+after》형

<ex.> ask after

241 ask after [æsk ǽftər, 애스크 애프터] ~의 안부를 묻다
(=inquire after)

* ask: 묻다, 물어보다

◇ He **asked after** her health.
(그는 그녀의 안부를 물었다.)

242 inquire after [ínqwáiər ǽftər, 인콰이어 애프터] ~의
안부를 묻다(=ask after)

* inquire: 묻다, 문의하다

◇ He **inquired after** my mother.
(그는 나의 어머니의 안부를 물었다.)

243 look after [luk ǽftər, 룩 애프터] ~을 돌보다(=take care of)

* look: 보다, 바라보다

◇ You must **look after** your health.
(너는 건강을 돌보아야 한다.)

*~을 돌보다 : **look after**
=take care of
=care for
=attend on

---

244 **run after**[rʌn ǽftər, 런 애프터] ~의 뒤를 쫓아가다
(=follow after)

* run: 달리다, 도망가다

◇ The dog **ran after** a cat.
(개는 고양이를 쫓아갔다.)

---

245 **take after**[teik ǽftər, 테이크 애프터] ~을 닮다
(=resemble)

* take: 잡다, 가지다, 받다

◇ She **takes after** her mother.
(그녀는 자기 어머니를 닮았다.)

공식분석

이 공식에 쓰이는 전치사 **after**는 「~뒤에, 후에, ~을 쫓아」의 뜻으로 "목적, 추적, 관심, 모방"을 나타내는 용법으로 쓰인다.

ask after(~의 안부를 묻다)의 **after**는 「관심」을 나타내고
run after(~의 뒤를 쫓다)의 **after**는 「추적」을 나타내고
take after(~을 닮다)의 **after**는 「모방」을 나타낸다.

≪동사+into≫형

<ex.> break into

---

246 break into [breik íntu, 브레이크 인투] 갑자기 ~하기 시작하다(=burst out)

* break: 깨어지다 ; 일어나다

◇ She **broke into** a loud laugh.
(그녀는 갑자기 큰 소리로 웃기 시작했다.)

---

247 burst into [bəːrst íntu, 버스트 인투] 갑자기 ~하기 시작하다(=break out)

* burst: 파열하다, 갑자기 나타나다

◇ She **burst into** tears.
(그녀는 갑자기 눈물을 흘리기 시작했다.)

---

248 inquire into [inkwaiər íntu, 인콰이어 인투] ~을 조사하다(=look into)

* inquire: 묻다, 문의하다

◇ We must **inquire into** the matter.
(우리는 그 사건을 조사해야 한다.)

참고 *cf.* inquire **after**: ~의 안부를 묻다
inquire **of**: ~에게 묻다

249 look into [luk íntu, 룩 인투] ~을 조사하다(=investigate)

* look: 보다, 바라보다
◇The police *looked into* the matter.
(경찰은 그 사건을 조사하였다.)

250 run into [rʌn íntu, 런 인투] ①~와 충돌하다(=collide with) ② ~와 우연히 만나다(=come across)

* run: 달리다, 도망가다
◇The two buses *ran into* each other.
(버스 2대가 서로 충돌하였다.)

공식분석

이 공식에 쓰이는 전치사 **into**는 「~안으로, 속으로」의 뜻으로 "운동, 방향, 충돌, 대상" 등을 나타내는 용법에 쓰인다.

break into(갑자기 ~하기 시작하다)의 **into**는 「운동」을 나타내고

look into(~을 조사하다)의 **into**는 「대상」을 나타내고

run into(~와 충돌하다)의 **into**는 「충돌」을 나타내는 용법이다.

공식 38 《동사+through》형

<ex.>get through

---

251 get through [get θruː, 겟 스루] ~을 빠져나가다

> * get: 얻다, 받다
>
> ◇ We can't **get through** this street.
> (우리는 이 거리를 빠져 나갈 수가 없다.)

---

252 go through [gou θruː, 고우 스루] ①~을 지나가다(=pass by) ②~을 통과하다

> ◇ I **went through** the park.
> (나는 공원을 지나갔다.)
> ◇ The bill **went through** at last.
> (그 법안은 마침내 통과되었다.)

---

253 look through [luk θruː, 룩 스루] ~을 통해서 보다

> ◇ He **looked through** the window.
> (그는 창을 통해 바라보았다.)

254 **see through** [siː θruː, 씨 스루] ~을 꿰뚫어보다(=pierce into)

* see: 보다; 만나다; 알다

◇ I *saw through* his plan.
(나는 그의 계획을 간파하였다.)

공식분석

이 공식에 쓰이는 전치사 **through**는 「~을 꿰뚫어, ~지나, 통해서」의 뜻으로 「관통, 통과, 종료」 등을 나타내는 용법에 쓰인다.

get through의 (~을 빠져나가다)의 **through**는 「관통」을 나타내고

go through의 (~을 지나가다)의 **through**는 「통과」를 나타낸다.

≪동사+by≫형
<ex.> go by

---

255 **go by** [gou bai, 고우 바이] ① 지나가다(=pass away)
② 잠깐 들르다(=drop in)

◇ A bus **went by** slowyly.
(버스 한 대가 천천히 지나갔다.)

256 **stand by** [stænd bai, 스탠(드) 바이] ①대기하다(=wait)
②방관하다

＊ stand: 서다; 위치하다

◇ You must **stand by** there.
(너는 거기에서 대기해야 한다.)

공식분석

이 공식에 쓰이는 **by**「~옆에, ~을 지나」의 뜻으로 "통과, 수단, 준비" 등을 나타낼 때 쓰인다.

go by(지나가다)의 **by**는「통과」를 나타내고
stand by(대기하다)의 **by**는「준비」를 나타낸다.

《동사+against》형

<ex.> lean against

---

257 **lean against** [liːn əgéinst, 린 어게인스트] ～에 기대다
(=rest against)

---

* lean: 기대다, 기울이다

◇ A girl was ***leaning against*** the wall.
(한 소녀가 벽에 기대고 있었다.)

258 **run against** [rʌn əgéinst, 런 어게인스트] ①～에 충돌하다(=run into) ②～와 우연히 만나다

◇ I ***ran against*** a girl on the street.
(나는 거리에서 소녀와 부딪쳤다.)

259 **fight against** [fait əgéinst, 파인트 어게인스트] ～과 싸우다(=war against)

---

* fight: 싸우다, 분투하다

◇ England ***fought against*** Germany in 1940.
(영국은 1940년에 독일과 싸웠다.)

260 **vote against** [vout əgéinst, 보우트 어게인스트] ~에 반대투표를 하다(=ballot against↔vote for)

* vote: 투표하다

◇ He ***voted against*** the bill.
(그는 그 법안에 반대투표를 하였다.)

공식분석

이 공식에 쓰이는 전치사 **against**는 「~에 반대하여, ~에 기대어」의 뜻으로 "반대, 충돌, 지지, 대비"등의 뜻을 나타내는 용법이다.

lean against(~에 기대다)의 **against**는 「지지」를 나타내고
run against(~에 충돌하다)의 **against**는 「충돌」을 나타내고
vote against(~에 반대투료를 하다)의 **against**는 「반대」를 나타낸다.

공식 41 · ≪동사+out≫형
<ex.>break out

---

261 break out [breik aut, 브레이크 아웃] ①탈출하다 (=escape) ②돌발하다

* break: 깨어지다; 돌변하다

◇ Ten prisoners ***broke out*** last night.
(열명의 죄수가 어젯밤에 탈출하였다.)

---

262 burst out [bə́ːrst aut, 버스트 아웃] ①갑자기 나타나다 ②돌발하다(=break out)

* burst: 파열하다; 나타나다

◇ The baby ***burst out*** crying.
(그 아기는 갑자기 울음을 터뜨렸다.)

---

263 carry out [kǽri aut, 캐리아웃] ~을 실행하다(=perform)

* carry: 나르다, 운반하다

◇ She ***carried out*** the plan.
(그녀는 그 계획을 실행하였다.)

264 **find out** [faint aut, 파인드 아웃] ~을 알아내다, 찾아내다
(=discover)

---

* find:발견하다, 찾아내다

◇I **found out** where he lives.
(나는 그가 사는 곳을 알아냈다.)

265 **go out** [gou aut, 고우 아웃] ①외출하다
②(불 등이) 꺼지다(=expire)

◇She has **gone out** shopping.
(그녀는 시장보러 외출하였다.)

266 **make out** [meik aut, 메이크 아웃]①~을 이해하다
(=understand) ②~을 작성하다(=fill in)

---

* make: 만들다, ~이 되다

◇I cannot **make out** this sentence.
(나는 이 문장을 이해할 수가 없다.)

◇I **made out** the list.
(나는 그 명부를 작성하였다.)

267 **point out** [pɔint aut, 포인트 아웃] ~을 지적하다
(=designate)

---

* point: 가리키다, 지시하다

◇He **pointed out** my errors.
(그는 나의 잘못을 지적하였다.)

268 **put out** [put aut, 풋 아웃] ①~을 끄다(=extinguish)
②~을 내쫓다, 해고하다(=fire)

＊put: 놓다, 두다

◇ The firemen ***put out*** the fire.
(소방수들은 불을 껐다.)

269 **set out** [set aut, 셋아웃] 출발하다(=start), 착수하다

＊set: 두다, 배치하다

◇ He ***set out*** for New York yesterday.
(그는 어제 뉴욕으로 출발하였다.)

270 **take out** [teik aut, 테이크 아웃] ①가지고 나가다(=take away)②제거하다(=remove)

＊take: 손에 잡다, 가지다, 빼앗다

◇ He ***took*** the dog ***out*** for a walk.
(그는 산책에 개를 데리고 나갔다.)

271 **turn out** [tə:rn aut, 턴아웃] ①결국~으로 판명되다(=prove) ②~을 끄다(=extinguish)

＊turn: 돌다, 회전하다

◇ The rumor ***turned out*** true.
(그 소문은 결국 사실로 판명되었다.)

◇ Don't forget to ***turn out*** the light.
(전등불을 끄는 것을 잊지마라.)

²⁷² **wear out** [wɛər aut, 웨어 아웃] 닳아 헤어지게하다

    ＊wear: 입고 있다, 오래가다

◇My shoes are ***worn out***.
(내 신발이 닳아 헤어졌다.)

공식분석

이 공식에 쓰이는 부사 **out**은 「밖에, 외부에, 벗어나」의 뜻으로 "위치, 제외, 출현, 완료" 등을 나타내는 용법으로 쓰인다.
break out(탈출하다)의 **out**은 「위치」를 나타내고
carry out(~을 실행하다)의 **out**은 「완료」를 나타내고
turn out(결국 ~이 되다)의 **out**은 「출현」을 나타낸다.

공식 42 《동사+away》형

<ex.>gi e away

---

273 give away [giv əwéi, 기브 어웨이] ①주다, 주어버리다 (=hand out) ②폭로하다

◇ He never **gives away** any of his money.
(그는 자기돈의 어떤 돈도 내어놓지 않는다.)

---

274 pass away [pæs əwéi, 패스 어웨이] ①죽다(=die) ②가버리다 (=go away)

* pass: 지나다, 경과하다; 합격하다

◇ He **passed away** peacefully.
(그는 평화롭게 숨을 거두었다.)

---

275 put away [put əwéi, 풋 어웨이] ①치우다(=put aside) ②저축하다(=save)

* put: 놓다, 두다

◇ **Put** the books **away**.
(책들을 치워라.)

276 **run away** [rʌn əwéi, 런 어웨이] 달아나다(=make off)

    * run: 달리다, 도망가다

◇ The horse **_ran away_** from home.
(말이 집에서 달아났다.)

277 **take away** [teik əwéi, 테이크 어웨이] 가지고 가다(=take out)

    * take: 가지다, 잡다, 획득하다

◇ This is not to be **_taken away_**.
(이것은 가지고 나가지 못합니다.)

공식분석

이 공식에 쓰이는 부사 **away**는 「떨어져서, 떠나가, 멀리」의 뜻으로 있지 않거나 없어져 버린 것을 나타낸다. 즉 「이탈, 제거, 소멸, 제공」 등을 나타낼 때 쓰인다.

give away(주다)의 **away**는 「제공」을 나타내고

pass away(죽다)의 **away**는 「소멸」을 나타내고

run away(달아나다)의 **away**는 「이탈」을 나타낸다.

《동사+off》형

<ex.>get off

---

278 **get off**[get ɔːf, 겟옾] ①~에서 내리다(=alight)
②~을 벗다(=take off)

---

* get: 얻다, 입수하다;사다

◇ I *got off* the bus at the stop.
(나는 정류장에서 버스를 내렸다.)

---

279 **keep off**[kiːp ɔːf, 킵옾] ~을 막다(=stay off)

* keep: 계속하다, 유지하다; 간직하다

◇ *Keep off* the white dog.
(하얀개를 가까이 오지 못하게 하라.)

---

280 **put off**[put ɔːf, 풋옾] ①연기하다(=postpone)
②~을 끄다(=turn off)

---

* put: 놓다, 두다; 더하다

◇ We *put off* buying a car.
(우리는 차 사는 것을 연기하였다.)

281 **call off**[kɔːl ɔːf, 콜옵] 취소하다(=cancel)

* call: 부르다, 방문하다

◇They **called off** the party.
(그들은 파티를 취소하였다.)

282 **see~off**[síː ɔːf, 씨옵] ~을 배웅하다, 전송하다(=send~off)

* see: 보다, 알다; 만나다

◇I **saw** my uncle **off** at the station.
(나는 역에서 아저씨를 전송하였다.)

283 **set off**[set ɔːf, 셋옵] 출발하다(=start)

* set: 두다, 놓다

◇He **set off** for New York.
(그는 뉴욕으로 출발하였다.)

유어숙어

* 출발하다 :**set off**
=set out
=set forth

284 **take off**[teik ɔːf, 테이크 옵] ①~을 벗다(=remove) ②이륙하다

* take: 가지다, 잡다; 획득하다

◇He **took off** his cap.
(그는 모자를 벗었다.)

285 **turn off**[təːrn ɔːf, 턴 옵] ①~을 끄다(=swithch off↔turn on) ②해고하다(=turn out)

＊turn: 돌다, 회전하다

◇ You must **_turn off_** the light now.
(너는 이제 전등불을 꺼야한다.)
◇ The maid was **_turned off_**.
(그 하녀는 해고되었다.)

공식분석

이 공식에 쓰이는 부사 **off**은「~에서 떨어져, ~에서 벗어나」의 뜻으로 "분리, 제거, 중단, 감소" 등의 용법으로 쓰인다.
get off(~에서 내리다)의 **off**는「분리」를 나타내고
take off(~을 벗다)의 **off**는「제거」를 나타내고
turn off(~을 끄다)의 **off**는「중단」을 나타낸다.

《동사＋on》형

<ex.>carry on

---

286 carry on [kǽri ɔn, 캐리온] ①계속해 나가다(=go on)
②(사업 등을)경영하다(=manage)

---

* carry: 가지고 다니다; 나르다

◇ He **carried on** his study.
(그는 연구를 계속하였다.)

유어숙어

> • 계속해나가다 : **carry on**
> =go on
> =keep on

---

287 go on [gou ɔn, 고우온] ①(앞으로)나아가다(=proceed) 계속해
서 ~하다(=keep on) ②일어나다(=happen)

◇ **Go on** with your work.
(일을 계속해서 해라.)

---

288 hold on [hould ɔn, 호울드 온] ①지속하다(=continue)
②잠깐 기다리다(=wait a
minute)

---

* hold: 가지다, 가지고 있다;계속하다

◇ The rain **held on**.
(비가 계속해서 내렸다.)

put on [put ɔn, 풋온] ~을 입다(=get on↔take off)

＊ put : 놓다, 두다

◇ You should **put** your coat **on**.
(너는 코트를 입어야 한다.)

turn on [təːrn ɔn, 턴온] ~을 켜다(=switch on↔turn off)

＊ turn: 돌다, 회전하다

◇ **Turn on** the radio.
(라디오를 켜라.)

공식분석

이 공식에 쓰이는 부사 **on**은 「~위에, 닿아, 접하여」의 뜻으로 "접촉, 착용, 계속" 등의 용법으로 쓰인다.

carry on(계속하다)의 **on**은 「계속 진행」을 나타내고

put on(~을 입다)의 **on**은 「착용」을 나타내고

turn on(을 켜다)의 **on**은 「접촉」을 나타낸다.

《동사+up》형
<ex.> bring up

---

291 bring up [briŋ ʌp, 브링업] ①(아이를)키우다(=raise)
②(문제 등을)제기하다

* bring: 가져오다 ; 일으키다

◇ She has ***brought up*** four children.
(그녀는 아이 넷을 양육하였다.)

292 call up [kɔːl ʌp, 콜업] ①~에 전화하다(=telephone)
②생각해내다(=think out)

* call: 부르다 ; 전화걸다

◇ Don't ***call*** me ***up*** at night.
(밤에는 전화하지 마세요.)

293 clear up [cliər ʌp, 클리어업] ~을 치우다(=remove)

* clear: 맑아지다 ; 치우다

◇ You must ***clear up*** your room.
(너는 방을 치워야 한다.)

294 **get up** [get ʌp, 겟업] ①일어나다(=rise)
②~에 오르다(=climb up)

* get: 얻다, 받다; 사다
◇ I *got up* at six this morning.
(나는 오늘 아침 6시에 일어났다.)

295 **give up** [giv ʌp, 기브업] ~을 포기하다, 단념하다(=abandon)

* give: 주다, 건네주다
◇ She does not *give up* hope.
(그녀는 희망을 포기하지 않는다.)

296 **grow up** [group ʌp, 그로우업] 어른이 되다(=come of age), 성장하다

* grow: 자라다, 성장하다; 커지다
◇ He *grew up* to be a artist.
(그는 성장하여 예술가가 되었다.)

297 **hurry up** [hʌ́ri ʌp, 허리업] 서두르다(=make haste)

* hurry: 서두르다
◇ *Hurry up*, or you will miss the bus.
(서두르지 않으면 버스를 놓칠 것이다.)

298 **make up** [meik ʌp, 메이크업] ①화장하다(=paint one's face) ②~을 작성하다(=fill out)

* make: 만들다, 구성하다, 되다

◇ The lady **made up** too heavily.
(그 숙녀는 너무 짙은 화장을 하였다.)

299 **pick up** [pik ʌp, 픽업] ①집어들다(=take up) ②(사람을)마중나가다

* pick: 따다, 고르다, 줍다

◇ He **picked up** the receiver.
(그는 수화기를 집어들었다.)

◇ **Pick** me **up** at two at my house.
(2시에 집으로 나를 데리러 오라.)

300 **take up** [teik ʌp, 테이크업] ①~을 들어 올리다(=raise) ②~을 태우다(=carry)

* take: 가지다;빼앗다;먹다

◇ They **took up** arms.
(그들은 무기를 들어올렸다.)

301 **ring up** [riŋ ʌp, 링업] 전화를 걸다(=call, telephone)

* ring: 울리다; 전화걸다

◇ I'll **ring** you **up** later.
(나중에 당신에게 전화걸겠습니다.)

 turn up[təː*r*n ʌp, 턴 업] ①~이 생기다(=take place)
②나타나다(=appear)

---

* turn: 돌다, 회전하다(=rotate)

◇ Something good will ***turn up***.
(무언가 좋은 일이 생길 것이다.)

공식분석

이 공식에 쓰이는 부사 **up**은 「위로, 위쪽으로」의 뜻으로 "운동, 상태, 장소, 관련, 발생" 등을 나타내는 용법으로 쓰인다.
bring up(~을 키우다)의 **up**은 「상태」를 나타내고
ring up(전화걸다)의 **up**은 「관련」을 나타내고
turn up(~이 생기다)의 **up**은 「발생」을 나타낸다.

≪동사+in≫형

<ex.>drop in

---

303 **drop in** [drap in, 드랍인] 우연히〔잠깐〕들르다(=come by)

  * drop: 떨어지다, 내리다

◇ He **dropped in** at my house.
(그는 우리집에 잠깐 들렀다.)

304 **fill in** [fil in, 필인] ~을 채우다(=fill up)

  * fill: 가득하게 하다, 채우다

◇ **Fill in** your name on this form.
(이 용지에 이름을 채우시오.)

305 **give in** [giv in, 기브인] ~을 제출하다(=hand in)

  * give: 주다, 넘겨주다

◇ You must **give in** your report.
(너는 보고서를 제출해야한다.)

306 **set in** [set in, 셋인] (계절 등이) 시작하다(=begin)

* set: 놓다, 두다, 조정하다
◇ The rainy season has ***set in***.
(장마철이 시작되었다.)

307 **take in** [teik in, 테이크 인] ①수용하다(=accommodate)
②구독하다(=subscribe to)

* take: 가지다, 잡다; 먹다, 가지고 가다
◇ She ***takes in*** many tourists.
(그녀는 많은 관광객을 숙박시킨다.)

공식분석

이 공식에 쓰이는 부사 **in**은 「안에, 안으로」의 뜻으로 "장소, 상태, 환경, 방향, 관심" 등을 나타내는 용법이다.
drop in(잠깐 들르다)의 **in**은 「장소」를 나타내고
give in(~을 제출하다)의 **in**은 「방향」을 나타내고
take in(수용하다)의 **in**은 「환경」을 나타낸다.

308 **break down** [breik daun, 브레이크 다운] 고장나다(=be out of order)

* break: 깨어지다 ; 중지하다
◇ The bus **broke down** on the way.
(버스가 도중에 고장났다.)

309 **bring down** [briŋ daun, 브링 다운] 내리다(=lower)

* bring: 가져오다; 초래하다
◇ He **brought down** the rent.
(그는 집세를 내렸다.)

310 **get down** [get daun, 겟 다운] 내리다, 내려오다(=step down)

* get: 얻다, 가지다; 사다
◇ He **got down** from a tall tree.
(그는 높은 나무에서 내려왔다.)

311 **lay down** [lei daun, 레이 다운] ①~을 내려놓다(=put down) ②~을 규정하다

* lay: 누이다, 쌓다, 장치하다
◇ He *laid* himself *down* on the grass.
(그는 잔디위에 누웠다.)

312 **let down** [let daun] 낮추다(=lower), 내리다(=bring down)

* let: ~시키다, 하게하다
◇ She *let down* her skirt.
(그녀는 스커트를 길게하였다.)

313 **put down** [put daun, 풋 다운] ~을 내려놓다(=depose)

* put: 놓다, 두다, 더하다
◇ She *put* her cup *down* on the table.
(그녀는 식탁에 컵을 내려놓았다.)

314 **settle down** [setl daun, 세틀 다운] 정주하다(=dwell)

* settle: 놓다, 두다, 자리잡다
◇ She *settles down* in a mansion.
(그녀는 대저택에 정주하고 있다.)

315 **turn down** [təːrn daun, 턴다운] ①~을 거절하다 (=refuse) ②~을 줄이다, 작게하다 (=lessen)

* turn: 돌다, 회전하다

◇ He **turned down** my offer.
(그는 나의 제안을 거절하였다.)

◇ **Turn down** the television.
(텔레비전 소리를 줄여라.)

316 **write down** [wrait daun, 라이트다운] ~을 적어두다 (=put down)

* write: 쓰다, 편지를 쓰다

◇ I **wrote down** his name in my notebook.
(나는 노트에다 그의 이름을 적어놓았다.)

공식분석

이 공식에 쓰이는 부사 **down**은 「아래로, 내려가, 약해져」의 뜻으로 "동작, 상태, 기록, 쇠약" 등을 나타내는데 사용된다.

break down(고장나다)의 **down**은 「동작」을 니타내고
turn down(~을 거절하다)의 **down**은 「상태」를 나타내고
write down(~을 적어두다)의 **down**「기록)을 나타낸다.

《동사+about》형

<ex.> bring about

---

317 **bring about** [briŋ əbaut, 브링 어바우트] ~을 야기하다
(=give rise to)

---

* bring: 가져오다, 초래하다

◇ His ignorance has ***brought about*** his failure.
(그의 무지가 실패를 야기하였다.)

318 **come about** [kʌm əbaut, 컴 어바우트] ~이 일어나다
(=happen)

---

* come: 오다, 이르다; 생기다

◇ This affair ***came about*** suddenly.
(이 사건은 갑자기 일어났다.)

319 **go about** [gou əbaut, 고우 어바우트] 돌아다니다
(=get about)

◇ He ***went about*** the street.
(그는 거리를 돌아다녔다.)

look about [luk abaut, 룩 어바우트] 둘러보다(=look around)

* look: 보다, 바라보다 ; 조사하다

◇ He is **_looking about_** for a job.
(그는 일자리를 찾으러 돌아다니고 있다.)

공식분석

이 공식에 쓰이는 부사 **about**는 「근처에, 가까이에, 여기저기로」의 뜻으로 "주의, 환경, 확산, 발생"의 뜻을 나타낼 때 쓰인다.

bring about(~을 야기하다)의 **about**는 「발생」을 나타내고
go about(돌아다니다)의 **about**는 「주위」를 나타내고
look about(둘러보다)의 **about**도 「주위」를 나타낸다.

《동사+back》형

<ex.> bring back

---

321 **bring back** [briŋ bæk, 브링백] 돌려주다(=give back), 가지고 돌아가다

* bring: 가지고 오다, 초래하다

◇ I *brought* him *back* to the city.
(나는 그를 도시로 돌아가게 하였다.)

---

322 **come back** [kʌm bæk, 컴백] 돌아오다

* come: 오다, 이르다

◇ She will soon *come back*.
(그녀는 곧 돌아올 것이다.)

---

323 **get back** [get bæk, 겟백] 돌아가다(=return)

* get: 얻다, 받다; 사다

◇ We have to *get back* into business.
(우리는 사업으로 돌아가야한다.)

324 **go back** [gou bæk, 고우 백] 돌아가다(=return)

* go: 가다, 향하다, 이르다

◇ He *went back* to London.
(그는 런던으로 돌아갔다.)

325 **hold back** [hould bæk, 호울드 백] ~을 잡아두다(=keep back), 누르다

* hold: 갖고 있다, 붙들다

◇ I could not *hold* him *back*.
(나는 그를 잡아둘 수는 없었다.)

326 **put back** [put bæk, 풋 백] 도로 갖다 놓다(=replace)

* put: 놓다, 두다

◇ *Put* the record *back* in its place.
(레코드판을 그 자리에 도로 갖다놔라.)

327 **look back** [luk bæk, 룩 백] 뒤돌아보다(=turn to look at)

* look: 보다, 바라보다, 주시하다

◇ Everybody *looked back* at her.
(모두가 그녀를 뒤돌아 보았다.)

328 **take back** [teik bæk, 테이크 백] 도로 찾다(=regain),
취소하다

* take: 가지다, 빼앗다, 받다
◇ I *take back* what I said.
(내가 한 말을 취소한다)

329 **turn back** [tə:rn bæk, 턴 백] 되돌아가다(=return)

* turn: 돌다 회전하다(=rotate)
◇ Please *turn back* to page 10.
(10페이지로 되돌아갑시다.)

공식분석

이 공식에 쓰이는 부사 **back**은 「뒤로, 도로, 되돌아가」의 뜻으로 "환원, 복귀, 소급, 제지"등을 나타낸다.
bring back(돌려주다)의 **back**은 「환원」을 나타내고
come back(돌아오다)의 **back**은 「복귀」를 나타내고
put back(도로 갖다놓다)의 **back**은 「원상회복」을 나타낸다.

≪동사+aside≫형

<ex.>lay aside

30 **lay aside**[lei əsáid, 레이 어사이드] ①치워〔비켜〕두다(=put away)
②저축하다(=save)

* lay: 두다, 놓다, 누이다

◇He *laid* his watch *aside*.
(그는 시계를 간수해 두었다.)

◇She *laid aside* much money.
(그녀는 많은 돈을 저축하였다.)

31 **put aside**[put əsáid, 풋 어사이드] ①옆으로 밀어놓다〔제쳐 놓다〕(=set aside)
②저축하다(=save)

* put: 놓다, 두다; 배치하다

◇He *put aside* his book.
(그는 책을 옆으로 제쳐놓있다.)

◇We must *put aside* much money.
(우리는 많은 돈을 저축해야 한다.)

332 **set aside** [set əsáid, 셋 어싸이드] ①옆으로 밀어놓다(=put aside)

②~을 무시하다(=ignore)

* set: 두다, 놓다, 배치하다

◇I *set aside* the money for saving.

(나는 저축하기 위해 그 돈을 따로 떼어놓았다.)

◇He *set* our objection *aside*.

(그는 우리의 반대를 무시하였다.)

공식분석

이 공식에 쓰이는 부사 **aside**는 「곁에, 떨어져서」의 뜻으로 "근처; 저축, 제거, 무관심" 등을 나타낸다.

lay aside(치워두다)의 **aside**는 「제거」를 나타내고

put aside(옆으로 밀어놓다)의 **aside**는 「근처」를 나타내고

set aside(~을 무시하다)의 **aside**는 「무관심」을 나타낸다.

《동사＋형용사》형

<ex.> come true

333 **come true**[kʌm truː, 컴 트루] (희망 등) 실현되다(=come off)

* come: 오다, 이르다; ～이 되다
◆My dream *came true* at last.
(나의 꿈이 마침내 실현되었다.)

334 **fall asleep**[fɔːl əsliːp, 폴 어스리프] 잠들다(=drop asleep)

* fall: 떨어지다; ～이 되다, 빠지다
◇The child soon *fell asleep*.
(그 아이는 곧 잠들었다.)

335 **fall ill**[fɔːl il, 폴인] 병에 걸리다(=get sick)

* fall: 떨어지다, ～이 되다
◇She *fell ill*.
(그녀는 병 났다.)

336 get hurt [get hə:rt, 겟 허트] 다치다, 부상하다(=be wounded)

* get: 얻다, 가지다; 사다
◇ The child **got hurt** on the head.
(그 어린이는 머리가 다쳤다.)

337 get married [get mǽrid, 겟 매리드] 결혼하다(=marry, wed)

◇ She **got married** two years ago.
(그녀는 2년전에 결혼했다.)

338 hold good [hould gud, 호올드 굿] 유효하다(=stand good)

* hold: 가지다, 보존하다
◇ This law still **hold good**.
(이 법은 아직도 유효하다.)

339 make sure [meik ʃuər, 메이크 슈어] ①확인하다(=ascertain) ②확신하다(=feel sure)

* make: 만들다, 시키다, 구성하다
◇ I **made sure** of the fact.
(나는 그 사실을 확인하였다.)

340 **remain silent** [3리메인 싸일런트] 잠 자 코 있 다 (=keep silent)

* remain: 남다, 여전히 ～이다

◇ He *remained silent* at table.
(그는 식사중에 잠자코 있었다.)

공식분석

이 공식에 쓰는 형용사는 보어로서 역할을 하며 제2형식문형을 이루고 있다. 따라서 이들 형용사는 불완전자동사와 짝을 이루어 관용적으로 사용되고 있다.

◎ 제2형식문형:

➡ 주어+불완전자동사+보어
<S + V + C>

This law still *hold good.*
S   M   V   C

(이 법은 아직도 유효하다)

공식 52 ≪동사+명사≫형

<ex.>catch fire

---

341 **catch fire** [kætʃ faiər, 케취 파이어] 불이 붙다(=take fire)

* catch: 붙잡다, 붙들다, 잡다

◆ Oil *catches fire* easily.
(기름은 불이 쉽게 붙는다.)

342 **give way** [giv wei, 기브 웨이] 무너지다(=fall down)

* give: 주다, 수여하다

◇ The roof *gave way*.
(지붕이 무너졌다.)

343 **lose heart** [luːz həːrt, 루즈 허트] 낙담하다
(=be discouraged)

* lose: 잃다, 상실하다

◇ She *lost heart* at the news.
(그녀는 그 소식을 듣고 낙담하였다.)

344 **make haste** [meik heist, 메이크 헤이스트] 서두르다
(=hurry up)

* make : 만들다, ~이 되다

◇ **Make haste** slowly.
(천천히 서둘러라.)

345 **make money** [meik mʌni, 메이크 머니] 돈을 벌다
(=earn money)

◇ He **made** a lot of **money**.
(그는 많은 돈을 벌었다.)

346 **make sense** [meik sens, 메이크 센스] ①이치에 맞다
(=stand to reason)
②이해하다(=understand)

◇ His words don't **make sense**.
(그의 말은 이치에 맞지 않는다.)

347 **make trouble** [mcik trʌbl, 메이크 트러블] 소란(말썽)을
일으키다(=cause trouble)

◇ He does not **make trouble** in class.
(그는 수업중에 말썽을 일으키지 않는다.)

348 **take effect** [teik ifékt, 테이크 이펙트] 효력을 발생하다
(=come into force)

* take: 가지다, 쥐다; 빼앗다;타다
* effect: 효과; 결과

◇The medicine will soon *take effect*.
(그 약은 곧 효력을 발생할 것이다.)

349 **take place** [teik pleis, 테이크 플레이스] 일어나다
(=happen)

◇World War I *took place* in 1914.
(제1차 세계대전은 1914년에 일어났다.)

공식분석

이 공식에 쓰이는 명사는 목적어 역할을 하며 제3형식 문형을 만든다. 보통 완전타동사와 결합하여 관용적으로 쓰이고 있다.

◎제3형식문형:

➡주어+완전타동사+목적어

<S + V + O>

The roof *ga e way*.
　　 S　　V　　 O

(지붕이 무너졌다.)

《동사+a+명사》형

<ex.> catch a cold

---

350 **catch a cold** [kætʃ ə kould, 캐취 어 코울드] 감기 걸리다(=take a cold)

---

* catch: 붙잡다, 포착하다

◇ She ***caught*** a ***cold*** last night.
(그녀는 지난 밤에 감기걸렸다.)

참고 ➡ 「catch cold」로 관사가 없이 쓰기도 한다.
「감기가 걸려있다」는 'have a cold' 라고 한다.

351 **keep a diary** [ke:p ə dáiəri, 키프 어 다이어리] 일기를 쓰다

---

* keep: 간직하다, 계속하다; 적다

◇ I must ***keep a diary*** in English.
(나는 영어로 일기를 써야한다.)

352 **make a fire** [meik ə fáiər, 메이크 어 파이어] 불을 피우다(=build a fire)

◇ ***Make a fire*** at the garden.
(정원에 불을 피워라.)

353 **make a mistake** [meik ə misteik, 메이크 어 미스테
이크] 잘못(생각)하다(=make an error)

* mistake: 실수, 틀림
◇ She *made a mistake* in spelling.
(그녀는 철자가 틀렸다.)

354 **make a noise** [meik ə nɔiz, 메이크 어 노이즈] 떠들다
(=make a fuss)

* noise: 소음, 소란
◇ Don't *make a noise* in class.
(수업중에 떠들지 마라.)

355 **make a speech** [meik ə spiːtʃ, 메이크 어 스피취] 연설
하다(=give a speech)

* speech: 연설, 담화
◇ He *made a speech* on the radio.
(그는 라디오로 연설하였다.)

356 **take a bath** [teik ə bæθ, 테이크 어 배스] 목욕하다
(=bathe)

* take: 가지다, 취하다; 빼앗다

* bath: 목욕
◇ He *takes a bath* every day.
(그는 매일 목욕을 한다.)

357 **make a fortune** [meik ə fɔ́ːrtʃən, 메이크 어 포천] 재산을 모으다(=pile up a fortune)

＊make: 만들다, 시키다; 구성하다

◇He *made a fortune* by trade.
(그는 무역으로 재산을 모았다.)

358 **take a walk** [teik ə wɔːk, 테이크 어 워크] 산책하다(=go for a walk)

◇He *takes a walk* in the morning.
(그는 아침에 산책을 한다.)

공식분석

이 공식은 타동사가 단수명사를 취하는 것을 관용으로 하는 제3형식 기본문형이다. 이때의 동사는 완전타동사이며 보통 동작동사와 함께 어울린다.

She *caught a cold* last night.
　S　　V　　O　　M(수식어)

(그녀는 지난 밤에 감기 걸렸다.)

359 make efforts[meik éfə:rts, 메이크 에퍼츠]　노력하다
(=endeavor)

◇He **made** no **efforts**.
(그는 아무런 노력도 하지 않았다.)

참고　➡「노력하다」는 make **an** effort(단수)로도 쓰인다.

360 take pains[teik peins, 테이크 페인스] 수고하다(=take trouble)

◇He **took** great **pains** with his work.
(그는 사업에 큰 수고를 하였다.)

공식분석

이 공식에 쓰이는 명사는 보통 복수명사가 동작동사와 결합하며, 이때의 동사는 완전타동사로서 3형식문형을 이룬다.

He *made* no *efforts*.
　S　V　　O

(그는 아무런 노력도 하지 않았다.)

공식 55　《동사+관사+명사+of》형

<ex.> do the sight of

---

361 do the sight of [du ðə sait əv, 두 더 싸이트 어브] ~을 구경하다(=see the sight of)

* sight: 시력 ; 명승지

◇ He *did the sight of* Hongkong.
(그는 홍콩을 구경하였다.)

---

362 get the better of [get ðə bétər əv, 겟더 베터 어브] ~을 이기다(=win, ↩get the worst of)

* better: 보다 나은 것

◇ I'll *get the better of* him.
(나는 그를 이길 것이다.)

---

363 make a fool of [meik ə fu:l əv, 메이크 어 풀 어브] ~을 웃음거리로 하다(=play a trick on)

* fool: 바보, 멍청이

◇ She *made a fool of* the old man.
(그녀는 그 노인을 웃음거리로 만들었다.)

^{364} **make the most of**[meik ðə moust əv, 메이크 더 모우스트 어브] ~을 최대한으로 이용하다(=make the best of)

* most: 최대한도, 최대량

◇ You must ***make the most of*** your time.
(너는 시간을 최대한으로 이용하여야 한다.)

공식분석

이 공식에 쓰이는 명사는 관사(정관사 또는 부정관사)를 앞에 가져오며 뒤에는 '대상·목표'를 지배하는 전치사 of에 바로 연결되고 있다. 이 때의 동사는 완전타동사로서 제3형식문형을 이루고 있다.

He *did the sight of* Hongkong.
  S   V   O

(그는 홍콩을 구경하였다.)

《동사+a+명사+to》형

<ex.>pay a isit to

---

365 **pay a visit to** [pei ə vizit tu, 페이 어 비짓 투] ~을 방문하다(=visit)

---

* pay: 지불하다, 갚다

◇He **paid a visit to** Seoul last Monday.
(그는 지난 월요일에 서울을 방문하였다.)

366 **put an end to** [put ən end tu, 풋 언 엔드투] ~을 끝내다(=make an end of)

---

* put: 놓다, 두다

* end: 끝; 목적

◇He **put an end to** his report.
(그는 그의 보고서를 끝냈다.)

367 **take fancy to** [teik ə fǽnsi tu, 테이크 어 팬시 투] ~을 좋아하다(=take a liking to)

---

* fancy: 좋아함, 애호; 공상

◇They **took fancy to** each other.
(그들은 서로간 좋아하였다.)

368 **turn a deaf ear to** [təːrn ə def iər tu, 턴어 데프 이어 투] ~에 전혀 귀를 기울이지 않다(=never listen to)

* turn: 돌리다, 회전하다

* deaf: 귀머거리의, 귀먹은

◇ I have **turned a deaf ear to** your words.
(나는 너의 말에 전혀 귀를 기울이지 않았다.)

공식분석

이 공식에 쓰이는 명사는 부정관사 **a**를 가져오며, 이들 명사 뒤에는 「대상·목표」를 나타내는 전치사 **to**가 온다. 이때의 동사는 완전타동사로서 제3형식문을 이끈다.

He *paid a isit to* Seoul last Monday.
 S V   O   M

(그는 지난 월요일에 서울을 방문하였다.)

<ex.> keep an eye on

369 keep an eye on [ki:p ən ai ɔːn, 키프 언 아이 온] ~
을 지켜보다(=watch)

* keep: 가지다, 유지하다

◇ You must **keep an eye on** that boy.
(너는 저 소년을 지켜봐야 한다.)

370 play a trick on [plei ə trik ɔːn, 플레이 어 트릭 온]
~에 장난치다, 놀리다(=play a joke on)

* trick: 장난, 농담; 묘기

◇ He **plays a trick on** his friends.
(그는 친구들에게 장난을 친다.)

371 have an interest in [hæv ən íntərist in, 해브 언
인터리스트 인] ~에 관심(흥미)을 가지다(=take an interest in)

* interest: 관심, 흥미

◇ He **has an interest in** music.
(그는 음악에 관심이 있다.)

372 **take an interest in** [teik ən íntərist in, 테이크 언 인터리스트 인] ~에 흥미(관심)을 가지다(=have an interest in)

* take:가지다, 쥐다: 빼앗다

◇ I *take a* great *interest in* dramas.
(나는 연극에 큰 흥미가 있다.)

공식분석

이 공식에 쓰이는 명사는 보통부정관사 **a(n)**을 가지며, 이때 명사는 「대상」를 나타내는 **on**이나 **in**을 동반한다.

동사는 완전타동사로 제3형식문형을 인도하였다.

<u>You</u> <u>must *keep an eye*</u> <u>on</u> <u>that boy.</u>
  S   V   O   M

(너는 저 소년을 지켜봐야 한다.)

공식 58 ≪동사+one's+명사≫형
<ex.> break one's word

---

373 **break one's word** [breik wʌns wəːrd, 브레이크 원스 워드] 약속을 어기다(=break one's promise)

* break: 깨뜨리다, 부수다

◇ He ***broke his word*** with me.
(그는 나와의 약속을 어겼다.)

---

374 **do one's best** [duː wʌns best, 두 원스 베스트] 최선을 다하다(=try one's best)

* best: 최선, 최상 ; 전력

◇ I'll ***do my best*** to help you.
(당신을 돕는데 저의 최선을 다하겠습니다.)

---

375 **earn one's living** [əːrn wʌns liviŋ, 언 원스 리빙] 생계를 세우다(=make one's living)

* earn: 벌다, 획득하다

* living: 생활, 생계

◇ He ***earns his living*** by playing the piano.
(그는 피아노를 연주하여 생계를 유지하고 있다.)

376 **have one's (own) way** [hæv wʌns (oun) wei,
해브 원스(오운)웨이] 마음 내키는 대로하다(=do at will)

* own: 자신의

* way: 일,방법; 방식

◇ She *has his own way* in everything.
(그녀는 매사를 자기 멋대로 한다.)

377 **hold one's tongue** [hould wʌns tʌŋ, 호울드 원스
텅] 침묵하다(=keep silent)

* hold: 갖고 있다;제지하다

* tongue: 혀;말

◇ She *held her tongue* in class.
(그녀는 수업중에 침묵하였다.)

378 **lose one's temper** [luːz wʌns tempər, 루즈 원스
템퍼] 화내다(=get angry)

* lose: 잃다, 놓치다

* temper: 성질, 침착, 평정

◇ He finally *lost his temper*.
(그는 마침내 화를 냈다.)

379 **lose one's way** [luːz wʌns wei, 루즈 원스 웨이] 길을 잃다(=get lost)

　* lose: 잃다, 놓치다

◇He *lost his way* in the woods.
(그는 숲에서 길을 잃어버렸다.)

380 **make one's way** [meik wʌns wei, 메이크 원스 웨이] 나아가다(=go forward)

◇He *made his way* down the hill.
(그는 언덕을 내려갔다.)

공식분석 -

이 공식에서 동사는 인칭대명사의 소유격을 앞에 가져오는 명사를 목적어로 취하고 있다. 동사는 완전타동사로서 제3형식 문을 이루고 있다.

He *broke his word* with me.
　S　　V　　O　　　M

(그는 나와의 약속을 어겼다.)

공식 59 《동사+명사+to》형

<ex.>do justice to

---

381 do justice to [duː dʒʌ́stis tu, 두 저스티스 투] ~을 올바르게 평가하다(다루다)

* justice:정의, 공평; 재판

◇ He will try to **do justice to** both sides.
(그는 쌍방을 공평히 다루려고 노력할 것이다.)

---

382 give place to [giv pleis tu, 기브 플레이스 투] ~에 자리를 내주다(=give way to)

* place: 장소; 좌석, 자리

◇ She **gave place to** the old man.
(그녀는 노인에게 자리를 내주었다.)

---

383 give rise to [giv raiz tu, 기브 라이즈 투] ~을 야기시키다(=bring about)

* rise: 상승; 발생, 소생

◇ It can **give rise to** serious trouble.
(그것은 심각한 분쟁을 야기시킬 수가 있다.)

384 **give way to** [giv wei tu, 기브 웨이 투] ～에게 지다
(=yield do), 양보하다

  * way: 길, 방법 ; 거리

◇ She **gave way to** tears.
(그녀는 울음을 터뜨렸다.)

385 **pay attention to** [pei ətenʃən tu, 페이 어텐션
투] ～에 주의하다 (=heed attention to)

  * attention: 주의, 주목 ; 배려

◇ People **pay** no **attention to** his words.
(사람들은 그의 말에 주의를 주지 않는다.)

공식분석

이 공식에 쓰이는 명사는 무관사로서 보통명사나 추상명사가 오며, 이들 명사뒤에는 「대상·목표」를 나타내는 전치사 **to** 가 온다. 이 때의 동사는 완전타동사로서 제3형식문을 인도한다.

《동사+명사+of》형
<ex.> catch hold of

386 **catch hold of**[kætʃ hould əv, 캣취 호울드 어브] ~을 붙잡다(=take hold of)

* catch: 잡다, 붙잡다

* hold: 파악; 자루, 손잡이

◇ ***Take a*** good ***hold of*** this rope.
(이 로프를 단단히 잡아라.)

387 **catch sight of**[kætʃ sait əv, 캣취 사이트 어브] ~을 발견하다(=find)

◇sight: 시력, 봄

◇ I ***caught sight of*** a deer in the woods.
(나는 숲에서 사슴을 발견하였다.)

388 **lose sight of**[lu:z sait əv, 루즈 사이트 어브]~을 놓치다(=miss), 못보다

◇lose: 잃다, 놓치다

◇ I ***lost sight of*** him in the crowds.
(나는 군중 속에서 그를 놓쳐버렸다.)

389 make fun of [meik fʌn əv, 메이크 펀 어브] ~을 놀리다 (=kid)

* fun: 즐거움; 장난

◇ All the people **made fun of** him.
(모든 사람들이 그를 놀렸다.)

390 get rid of [get rid əv, 겟 리드 어브] ~을 제거하다 (=eliminate)

* rid: 없애다, 제거하다

◇ We must **get rid of** bad habits.
(나쁜 습관을 없애야 한다.)

391 make use of [meik juːs əv, 메이크 유스 어브] ~을 이용하다(=utilize) ~을 사용하다(=use)

* use: 사용, 이용

◇ **Make** good **use of** your money.
(돈을 잘 사용하여라.)

392 take account of [teik əkáunt əv, 테이크 어카운트 어브] ~을 고려하다(=consider)

* account: 계산; 고려, 감안

◇ He **took** no **account of** its importance.
(그는 그것의 중요성을 고려하지 않았다.)

393 **take advantage of**[teik ədvǽntidʒ əv, 테이크 어드밴티쥐 어브]~을 이용하다(=make use of)

* advantage: 유리, 이익

◇He ***took advantage of*** his position.
(그는 자기의 지위를 이용하였다.)

394 **take care of**[teik kεə əv, 테이크 케어 어브] ~을 돌보다(=look after)

* care: 주의, 조심; 돌봄, 보호

◇You must ***take care of*** the baby.
(네가 그 아기를 돌보아야 한다.)

395 **take leave of**[teik liːv əv, 테이크 리-브 어브] ~에게 작별인사를 하다(=say good-bye to)

* leave: 허가; 고별, 작별

◇He ***took leave of*** his mother.
(그는 자기어머니에게 작별인사를 하였다.)

396 **take ntoice of**[teik nóutis əv, 테이크 노우티스 어브]~을 주의(주목)하다(=give attention to)

* notice: 주의, 주목

◇They ***took*** no ***notice of*** his words.
(그들은 그의 말에 아무런 주목도 하지 않았다.)

³⁹⁷ **take charge of**[teik tʃɑːrdʒ əv, 테이크 차아쥐 어브]
　　　　　　　　　　　　　~을 맡다(=be in charge of)

＊charge: 짐,화물; 책임,의무

◇He ***took charge of*** the English lesson.
(그는 영어수업을 맡았다.)

공식분석 --

이 공식에 쓰이는 명사는 '가지다, 만들다'의 뜻을 가진 타동사와 결합하며, 이들 명사는 보통 무관사로서 추상명사가 온다. 이들 명사뒤에는 「소속·관계」를 나타내는 전치사 **of**가 온다. 이때의 동사는 완전타동사로서 제3형식문을 인도한다.

<u>I</u> <u>*caught*</u> <u>*sight*</u> <u>*of*</u> <u>a deer</u> <u>in the woods</u>.
S　　V　　　O　　　　M　　　　M

(나는 숲에서 사슴을 발견하였다.)

≪동사+명사+with≫형
<ex.> *find fault with*

398 **find fault with** [faind fɔːlt wið, 파인드 폴-트 위드]
~(의)트집을 잡다, 흠잡다

* find: 찾다, 발견하다

* fault: 흠, 결점

◇He is always ***finding fault with*** my work.
(그는 항상 나의 일만 트집 잡고 있다.)

399 **have trouble with** [hæv trʌbl wið, 해브 트러블 위드] ~로 고통을 받다, 곤란을 겪다

* trouble: 고생, 두통; 수고

◇I'm ***having trouble with*** my headache.
(나는 두통으로 고통받고 있다.)

400 **keep company with** [kiːp kʌmpəni wið, 킵- 컴퍼니 위드] ~와 사귀다(=associate with)

* company: 친구; 교제, 사귐

◇You must not ***keep company with*** such people.
(너는 그러한 사람들과는 사귀지 않아야 한다.)

401 **keep pace with** [ki:p peis wið, 킵 페이스 위드] ~와 보조를 맞추다(=keep abreast with)

* pace: 걸음(걸이), 보조

◇ We must *keep pace with* the times.
(우리는 시대와 보조를 맞추어야 한다.)

402 **make friends with** [meik frends wið, 메이크 프렌즈 위드] ~와 친해지다(=become intimate with)

* friend: 친구, 동무

◇ I *make* good *friends with* Tom.
(나는 톰과 아주 친하다.)

403 **shake hands with** [ʃeik hænds wið, 쉐이크 핸즈 위드] ~와 악수하다

* shake: 흔들다, 뒤흔들다

◇ I *shook hands with* the gentleman.
(나는 그 신사와 악수하였다.)

공식분석 -

이 공식에 쓰이는 명사는 보통·추상명사가 오며, 이들 뒤에는 「동반·대상」을 나타내는 전치사 **with**를 수반한다. 동사는 완전타동사로서 제3형식문을 이끈다.

≪동사+명사+in≫형

<ex.> lose no time in

---

404 lose no time in [luːz nou taim in, 루-즈 노우 타임 인] ~을 곧 바로 하다(=do at once)

* lose: 잃다, 놓치다

◇ We ***lose no time in*** having a test.
(우리는 테스트를 곧바로 실시하였다.)

405 make progress in [meik prágres in, 메이크 프라그 레스 인] ~이 진보하다(=progress in)

* progress: 전진, 진보

◇ She ***made*** great ***progress in*** English.
(그녀는 영어가 크게 향상되었다.)

406 take delight in [teik diláit in, 테이크 디라이트 인] ~을 즐기다(=take pleasure in)

* delight: 기쁨, 즐거움

◇ He ***took delight in*** playing cards.
(그는 카드놀이를 하면서 즐겼다.)

⁴⁰⁷ **take part in** [teik pɑːrt in, 테이크 파-트 인] ~에 참가하다(=participate)

     * part: 부분, 관여, 관계

◇ He **took part in** the party.
(그는 그 파티에 참가하였다.)

⁴⁰⁸ **take pride in** [teik praid in, 테이크 프라이드 인] ~을 자랑하다(=be proud of)

     * pride: 자랑, 금지

◇ He **took pride in** his son.
(그는 자기 아들을 자랑한다.)

공식분석 --

이 공식에 쓰이는 명사는 주로 추상명사로서 보통 「가지다 (have, take)」의 뜻을 가진 동사와 결합한다. 이들 명사의 뒤에 는 「대상·목표」를 나타내는 전치사 **in**이 온다. 이때의 동사는 완전타동서로서 제3형식 문을 인도한다.

He *took pride* **in** his son.
S   V   O   M

공식 63 《동사+oneself》형

<ex.> beha e oneself

409 **behave oneself**[bihéiv wʌnsélf, 비헤이브 원셀프] 행동하다(=conduct oneself), 처신하다

* behave: 행동하다

◇ He **behaved himself** like a man.
(그는 남자답게 행동하였다.)

410 **betray oneself**[bitréi wʌnsélf, 비트레이 원셀프] 무심결에 본성을 드러내다

* betray: 배반하다;무심코 드러내다

◇ He **betrayed himself** by his words.
(그는 말로써 무심코 본성을 드러냈다.)

411 **distinguish oneself**[distíŋgwiʃ wʌnsélf, 디스팅귀이쉬 원셀프] 유명하게하다(=win fame)

* distinguish: 구별하다, 분별하다

◇ He **distinguish himself** in the war.
(그는 그 전쟁에서 유명하게 되었다.)

412 enjoy oneself[indʒɔ́i wʌnsélf, 인조이 원셀프] 즐겁게 지내다(=have a good time)

* enjoy: 즐기다, 재미보다

◇ He *enjoyed himself* with the girl.
(그는 그 소녀와 즐겁게 보냈다.)

413 exert oneself[igzə́ːrt wʌnsélf, 이그저-트 원셀프] 노력하다(=make an effort)

* exert: 발휘하다, 노력하다

◇ He *exerted himself* to win the game.
(그는 경기에 이기려고 노력을 다했다.)

414 express oneself[iksprés wʌnsélf, 익스프레스 원셀프] 자기의 생각을 말하다(=make one's thought)

* express: 표현하다, 나타내다

◇ He *expressed himself* in English.
(그는 영어로 자기의 생각을 말하였다.)

415 lose oneself[luːz wʌnsélf, 루-즈 원셀프] ①길을 잃다(=get lost) ②~에 열중하다

* lose: 잃다, 없어지다

◇ He *lost himself* in the mountains.
(그는 산중에서 길을 잃었다.)

⁴¹⁶ **present oneself**[prizént wʌnsélf, 프리젠트 원 셀프]
나타나다, 출두하다(=be present)

* present: 선물하다, 제출하다

◇ When will he *present himself*?
(그가 언제 나타날까요?)

⁴¹⁷ **seat oneself**[siːt wʌnsélf, 시-트 원셀프] 자리잡다, 앉다(=take one's seat)

* seat: 앉히다, 앉다

◇ She *seated herself* on the sofa.
(그녀는 소파에 앉았다.)

공식분석

이 공식에 쓰이는 동사는 주로 "인간의 행동"을 나타내는 동사로서, 바로 뒤에는 반드시 「재귀대명사」를 목적어로 취한다. 이때의 동사는 완전타동사로서 제3형식문을 이끈다.

She seated herself on the sofa.
S(주어) V(동사) O(목적어) M(수식어)

≪동사+oneself+to≫형

<ex.> address oneself to

---

118 address oneself to [ədrés wʌnsélf tu, 어드레스 원셀프 투] ~에 말을 걸다(=speak to)

* address: ~에게 말을하다, 보내다

◇ He ***addressed himself to*** the teacher.
(그는 선생님에게 말을 여쭈었다.)

119 apply oneself to [əplai wʌnsélf tu, 어플라이 원셀프 투] ~에 전력을 기울이다(=devote oneself to)

* apply: 적용하다; 열중하다

◇ She ***applied herself to*** his study.
(그녀는 연구에 전력을 기울였다.)

120 attach oneself to [ətǽtʃ wʌnsélf tu, 어태취 원셀프 투] ~에 소속시키다(=attach to)

* attach: 붙이다, 소속시키다

◇ He ***attaches himself to*** the campaign.
(그는 선거운동에 참가하였다.)

 help oneself to [help wʌnsélf tu, 헬프 원셀프 투] ~
을 자유로먹다(=take freely)

---

* help: 돕다, 조장하다

◇ Please ***help yourself to*** the apples.
(사과를 마음대로 드십시오.)

공식분석 -

이 공식에 쓰이는 동사는 소유·집착·전념을 나타내는 동사로서 재귀대명사를 목적어로 취한다. 재귀대명사 바로 뒤에는 「대상·목표」를 나타내는 전치사 **to**가 온다. 이 때의 동사는 완전타동사로서 제3형식문을 인도한다.

 **공식 65** ≪동사+형용사[부사]+of≫형
<ex.> make little of

422 **make little of**[meik litl əv, 메이크 리틀 어브] ~을 경시하다(=make light of)

  *little: 작은, 사소한

◇He ***makes little of*** a cold.
(그는 감기정도는 경시한다.)

423 **make much of**[meik mʌtʃ əv, 메이크 머취 어브]~을 중시하다(=think much of)

  *much: 다량의, 많은

◇We must ***make much of*** our health.
(우리는 건강을 중요시해야 한다.)

424 **make sure of**[meik ʃuər əv, 메이크 슈어 어브]~을 확인하다(=make certain of)

  *sure: 틀림없이, 확실한

◇He ***made sure of*** the news.
(그는 그 뉴스를 확인하였다.)

^{425} **speak ill of** [spiːk il əv, 스피-크 일 어브] ~을 욕하다
(=call one names↔speak well of)

---

* ill: 병든; 나쁜

◇ Don't *speak ill of* others.
(남들을 욕하지 말라.)

^{426} **speak well of** [spiːk wel əv, 스피-크 웰 어브] ~을 칭찬
하다(=praise)

---

* well: 잘, 적절히

◇ He always *speaks well of* his students.
(그는 항상 제자들을 칭찬한다.)

공식분석 -

이 공식에 쓰이는 동사는 보통 작위동사로서 바로 뒤에 형용
사나 부사를 지배한다. 이때 형용사[부사] 뒤에는 「소속·관련」
을 나타내는 **of**를 수반한다. 이때 동사는 불완전자동사로서 제2
형식문을 이끈다. 이 숙어를 타동사구로 보아 제3형식문으로 보
는 학자도 있다.

공식 66	≪동사+부사+with≫형 *<ex.> catch up with*

427 **catch up with** [kætʃ ʌp wið, 캐취 업 위드] ~을 따라 잡다(=overtake)

* catch: 잡다, 붙들다

◇ I *caught up with* them soon.
(나는 곧 그들을 따라 잡았다.)

428 **do away with** [duː əwéi wið, 두- 어웨이 위드] ~을 제거하다(=get rid of)

* away: 떨어져서, 사라져

◇ We must *do away with* bad habits.
(우리는 나쁜 습관을 없애야 한다.)

429 **keep up with** [kiːp ʌp wið, 킵업 위드] ~에 뒤떨어지지 않다(=keep pace with)

* keep: 유지하다, 가지다

◇ We should *keep up with* the times.
(우리는 시대에 뒤떨어지지 않나야 한다.)

 put up with [put ʌp wið, 풋 업 위드] ~을 참다
(=tolerate)

* put: 놓다, 두다

◇ I can't ***put up with*** the noise.
(나는 그 소음에 참을 수가 없다.)

참고 *cf.* put up **at**: ~에 숙박하다(=stay at)

공식분석

이 공식에 쓰이는 종사는 작위동사로서 바로 뒤에 부사를 동반하며, 이들 부사뒤에는 「목표·대상」을 나타내는 전치사 **with**가 온다. 이때의 동사구는 하나의 타동사를 이루어 제3형식문을 만든다.

I can't ***put up with*** the noise.
S(주어)　　V(동사구)　　O(목적어)

《동사+부사+to》형

<ex.> come up to

---

431 **come up to** [kʌm ʌp tu, 컴 업투] ~에 달하다(=reach, get to)

* up to: ~까지, ~에 이르기까지

◇ No students can **come up to** him.
(그를 따라잡을만한 어떤 학생도 없다.)

---

432 **look forward to** [luk fɔːrwərd tu, 룩 포-워드 투] ~을 손꼽아 기다리다(=wait for with pleasure)

* forward: 앞으로, 전방으로

◇ We are **looking forward to** the vacation.
(우리는 방학을 손꼽아 기다리고 있다.)

---

433 **look up to** [luk ʌp tu, 룩 업투] ~을 존경하다(=respect)

* look: 보다, 바라보다

◇ He was **looked up to** as the leader.
(그는 지도자로서 존경받았다.)

434 **stand up to** [stænd ʌp tu, 스탠드 업투] ~에 용감히 대
항하다(=face boldly)

* stand: 서다, 일어서다

◇ The child **_stood up to_** the big boy.
(그 어린이는 큰 소년에게 용감하게 대항하였다.)

공식분석

이 공식에 쓰이는 동사는 작위동사(作爲動詞)로서 주로 부사 **up**을 동반하며, 이 부사 뒤에는 「대상·목표」를 나타내는 전치사 **to**가 온다. 이 때의 동사는 타동사구를 이루며, 제3형식문을 이끈다.

The child **_stood up_** to the big boy.
S(주어)　　V(동사구)　　O(목적어)

주 *작위동사: 의식적으로 한 적극적인 행위나 동작을 나타내는 동사.

<ex.> make, leave, push, drive, stand

≪동사+to+명사≫형

<ex.> come to pass

435 **come to pass** [kʌm tu pæs, 컴투 패스] 일어나다
(=happen)

* pass: 통행, 통과;합격

◇ Big events will **come to pass**.
(대사건이 일어날 것이다.)

436 **go to sea** [gou tu siː, 고우 투씨] 선원이 되다(=become a sailor)

* sea: 바다, 대양

◇ He **went to sea** at twenty.
(그는 20세에 선원이 되었다.)

437 **say to oneself** [sei tu wʌnsélf, 세이 투 원셀프] 혼잣말을 하다(=speak alone)

◇ "I must see her", he **said to himself**.
("나는 그녀를 만나야 해"하고 그는 혼잣말을 하였다.)

 put~to use [put tu juːs, 풋 투 유-스] ~을 이용하다
(=utilize), 사용하다

* use: 사용, 이용

◇ He **put** the money **to** a good **use**.
(그는 그 돈을 좋은 일에 썼다.)

공식분석 -

이 공식에 쓰이는 동사는 주로 작위동사로서, 바로 뒤에「목적·결과·대상」을 나타내는 전치사 **to**가 오는데, 제1형식문이나 또는 제3형식문을 이끈다.

He *put* the money *to* a good *use*.
 S   V   O   M

≪동사+into+명사≫형
<ex.> break ~into pieces

---

439 break ~into pieces [breik intu piːsis, 브레이크 인투 피-씨스] 산산히 부서뜨리다(=shatter)

* break: 깨다, 부서뜨리다

* piece: 조각, 단편; 일부

◇ She **broke** a glass **into pieces**.
(그녀는 유리컵을 산산히 부서뜨렸다.)

---

440 come into being [kʌm intu biːŋ, 컴 인투 빙] 나타나다(=appear)

* being: 존재, 생존

◇ The UN **came into being** in 1945.
(유엔은 1945년에 나타났다.)

---

441 put ~ into practice [put intu præktis] ~을 실행하다(=bring~into effect)

* practice: 실행, 실시

◇ The idea soon was **put into practice**.
(그 생각은 곧 실행으로 옮겨졌다.)

take~into account [teik intu əkáunt, 테이크 인투 어카운트] ~을 고려하다(=consider)

* account: 계산; 고려, 감안

◇ We must **take** his health **into account**.
(우리는 그의 건강을 고려해야 한다.)

공식분석 --------------------------------------

이 공식에 쓰이는 동사는 작위동사로서 「결과 · 변화」를 나타내는 전치사 **into**를 동반하며 제1형식문이나 제3형식문을 만든다.

We must _take_ his health _into account._
 S   V   O   M

443 bear~in mind [bɛər in maind, 베어인 마인드] ~을 기억하다(=keep~in mind)

* bear: 가져가다; 지니다

◇ I will **bear in mind** what you said.
(나는 당신이 한 말을 기억할 것이다.)

444 fall in love with [fɔːl in lʌv wið, 폴 인 러브 위드] ~와 사랑에 빠지다(=be in love with)

* fall: 떨어지다, 일어나다

◇ He **fell in love with** a rich girl.
(그는 부자인 소녀와 사랑에 빠졌다.)

445 get in touch with [get in tʌtʃ wið, 겟인 터취 위드] ~와 연락하다(=communicate with)

* touch: 접촉;교섭, 연락

◇ I'll **get in touch with** you soon.
(제가 곧 당신에게 연락을 취하겠습니다.)

446 **keep in touch with** [kiːp in tʌtʃ wið, 킵 인 터취 위드] ~와 접촉을 유지하다(=keep in contact with)

＊keep: 가지다, 유지하다, 계속하다

◇He still *keep in touch with* the lady.
(그는 아직도 그 숙녀와 접촉을 유지하고 있다.)

공식분석

이 공식에 쓰이는 동사는 작위동사로서 「대상·관계」를 나타내는 전치사 **in**을 수반한다. 이때의 문형은 제1형식문과 제3형식문을 이끈다.

He still *keep in touch with* the lady.　[제3형식]
S(주어)　　　　V(동사구)　　　　O(목적어)

12.<동사+A+전치사+B>

≪동사+A+with+B≫형
<ex.> help A with B

147 help A with B [help ei wið biː, 헬프 에이 위드 비] A에게 B를 도와주다(=aid A with B)

> * help: 돕다, 원조하다
>
> ◇ I **helped** my mother **with** her work.
> (나는 어머니의 일을 도와드렸다.)

148 provide A with B [prəváid ei wið biː, 프러바이드 에이 위드 비] A에게 B를 공급〔제공〕하다(=supply A with B)

> * provide: 주다, 공급하다
>
> ◇ We **provided** them **with** the books.
> (우리는 그들에게 책을 제공하였다.)

유어숙어

> • A에게 B를 공급하다: **provide A with B**
> = furnish A with B
> = feed A with B
> = supply A with B

⁴⁴⁹ **supply A with B**[səplái ei wið biː, 써플라이 에이 위드 비] A에 B를 공급하다(=furnish A with B)

* supply: 공급하다, 지급하다

◇ I *supply* him *with* his food.
(나는 그에게 식물을 공급한다.)

⁴⁵⁰ **mix A with B**[miks ei wið biː, 믹스 에이 위드 비] A를 B에〔A에 B를〕 섞다(=mingle A with B)

* mix: 섞다, 혼합하다

◇ She *mixed* flour *with* milk.
(그녀는 밀가루에 우유를 섞었다.)

공식분석 -

이 공식에 쓰이는 동사는 주로 「공급·제공·부가」의 동사로서, 바로 다음에 목적어를 수반하고, 이 목적어 다음에 「대상·목표」의 뜻을 나타내는 전치사 **with**를 지배한다. 이 때의 동사는 완전타동사로서 제3형식 문을 이끈다.

She *mixed* flour *with* milk.
 S   V   O   M

≪동사+A+of+B≫형

<ex.> depri e A of B

151 deprive A of B [dipráiv ei əv bi, 디프라이브 에이 어브 비] A에게서 B를 빼앗다(=rob A of B)

 * deprive: ~에게서 빼앗다, 박탈하다

◇ The law **deprived** him **of** his right.
(법은 그에게서 권리를 박탈하였다.)

152 cure A of B [kjuər ei əv bi, 큐어 에이 어브 비] A에게서 B를 치료하다(=heal A of B)

 * cure: 치료하다, 고치다

◇ The doctor **cured** him **of** a headache.
(의사는 그에게서 두통을 치료하였다.)

153 rob A of B [rɑb ei əv bi, 랍 에이 어브 비] A에게서 B를 빼앗다(=deprive A of B)

 * rob: ~에게서 훔치다, 빼앗다

◇ A robber **robbed** him **of** his watch.
(강도는 그의시계를 빼앗아 갔다.)

> • A에게서 B를 빼앗다 : **rob A of B**
> = deprive A of B
> = strip A of B

454 **clear A of B** [kliə*r* ei əv bi, 클리어 에이 어브 비] A에게서 B를 제거하다(=rid A of B)

---

* clear: 깨끗이하다 ; 제거하다

◇ He ***cleared*** the road ***of*** snow.
(그는 길에서 눈을 치웠다.)

> • A에게서 B를 제거하다 : **clear A of B**
> =rid A of B
> =relieve A of B

공식분석

이 공식에 쓰이는 동사는 「박탈·제거·치료」의 동사로서, 목적어 다음에 '대상, 목표'를 나타내는 전치사 **of**가 온다. 이때의 동사는 완전 타동사로서 제3형식문을 인도한다.

He *cleared* the road *of* snow.
S   V   O   M

≪동사+A+of+B≫형
<ex.> inform A of B

---

455 **inform A of B**[infɔ́ːrm ei əv bi, 인폼 에이 어브 비]
A에게 B를 알리다(=notify A of B)

* inform: ~에게 알리다, 고하다

◇ He *informed* me *of* his pass.
(그가 나에게 그의 합격을 알려주었다.)

---

456 **remind A of B**[rimáind ei əv bi, 리마인드 에이 어브
비] A에게 B를 일깨우다[생각나게 하다]

* remind: ~에게 생각나게 하다

◇ You *remind* me *of* your brother.
(당신을 보니 당신의 형이 생각납니다.)

---

457 **ask A of B**[æsk ei əv bi, 애스크 에이 어브 비] A를 B에
게 부탁하다(=beg A of B)

◇ May I *ask* a favor *of* you?
(당신에게 부탁하나 드려도 되겠습니까?)

458 **accuse A of B** [əkjúːz ei əv bi, 어큐-즈 에이 어브 비]
A를 B의 죄로 고발하다(=indict A for B)

* accuse: 고발하다, 고소하다

◇ He **accused** her **of** stealing his watch.
(그는 그녀가 시계를 훔쳤다고 고발하였다.)

공식분석

이 공식에 쓰이는 동사는 「경고·요구·의심」의 뜻이 있는 동사로서, 목적어 다음에 「목표·대상」을 나타내는 전치사 **of**가 온다. 이때의 동사는 완전타동사로서 제3형식문을 인도한다.

≪동사+A+for+B≫형

<ex.> blame A for B

---

459 **blame A for B** [bleim ei fɔːr bi, 블레임 에이 포어 비]
A에게 B를 비난하다(=censure A for B)

* blame: 나무라다, 비난하다

◇ I ***blamed*** him ***for*** neglect of duty.
(나는 그를 의무태만이라고 비난하였다.)

---

460 **thank A for B** [θæŋk ei fɔːr bi, 생크 에이 포어 비] A
에게 B를 감사하다

* thank: ~에게 감사하다, 사례하다

◇ I ***thanked*** him ***for*** the present.
(나는 그에게 그 선물에 대해 감사를 표시했다.)

---

461 **exchange A for B** [ikstʃéindʒ ei fɔːr bi, 익스체인쥐
에이 포어 비] A를 B와 교환하다(=trade A for B)

* exchange: 교환하다, 바꾸다

◇ He ***exchanged*** pounds ***for*** dollars.
(그는 파운드화를 달러와 교환하였다.)

462 **mistake A for B**[mistéik ei fɔːr bi, 미스테이크 에이 포어 비] A를 B로 잘못알다(=confuse A with B)

    * mistake: 잘못알다, 틀리다

◇I ***mistook*** him ***for*** his elder brother.
(나는 그를 그의 형으로 잘못 알았다.)

463 **take A for B**[teik ei fɔːr bi, 테이크 에이 포어비] A를 B로 생각하다(=regard A as B)

    * take: 가지다;이해하다

◇I ***took*** him ***for*** a doctor.
(나는 그를 의사로 생각했다.)

공식분석

이 공식에 쓰이는 동사는 「비난·간주·교환」의 동사로서, 목적에 다음에 「대상·목표」의 전치사 **for**를 가져온다. 이때의 동사는 완전타동사로서 제3형식문을 인도한다.

≪동사+A+from+B≫형

<ex.> pre ent A from B

---

464 prevent A from B [privént ei frəm bi, 프리벤트 에이 프럼 비] A에게서 B를 못하게 하다(=keep A from B)

* prevent: 막다, 저지하다

◇ The rain **prevented** me **from** going to work.
(나는 비가 와서 직장에 가지 못했다.)

---

465 keep A from B [ki:p ei frəm bi, 킵 에이 프럼 비] A에게 B를 못하게 하다(=prevent A from B)

* keep: 가지다; 유지하다

◇ The wind **kept** me **from** going on.
(바람 때문에 나는 계속하지 못했다.)

---

466 protect A from B [prətékt ei frəm bi, 프러텍트 에이 프럼 비] A에게서 B를 보호하다(=shelter A from B)

* protect: 보호하다

◇ We must **protect** ourselves **from** danger.
(우리는 위험으로부터 우리 자신을 보호해야 한다.)

467 **distinguish A from B** [distiŋgwiʃ ei frəm bi, 디스팅귀쉬 에이 프럼 비] A와 B를 구별하다(=tell A from B)

* distinguish: 구별하다

◇ I can **distinguish** a sheep **from** a goat.
(나는 양과 염소를 구별할 수 있다.)

468 **tell A from B** [tel ei frəm bi, 텔 에이프럼 비] A와 B를 구별하다(=know A from B)

◇ It is not easy to **tell** good **from** evil.
(선과 악을 구별하는 것은 쉽지가 않다.)

유어숙어

• A와 B를 구별하다 : **tell A from B**
　　　　　　　　　　=know A from B
　　　　　　　　　　=distinguish A from B

공식분석

이 공식에 쓰이는 동사는 「금지·보호·인식」동사로서 목적어 다음에 '제지·구별'의 전치사 **from**을 지배한다. 이때의 동사는 완전타동사로서 제3형식문을 인도한다.

469 turn A into B[təːrn ei intu bi, 턴 에이 인투 비] A를 B로 바꾸다(=change A into B)

* turn: 돌리다, 변화시키다
* into: ~안으로, ~에

◇ This freezer **turns** water **into** ice.
(이 제빙기는 물을 얼음으로 바꾼다.)

470 make A into B[meik ei intu bi, 메이크 에이 인투 비] A를 B로 만들다

◇ We **make** milk **into** butter.
(우리는 우유를 버터로 만든다.)

참고 *cf.* * make A **from** B : B(재료)로서 A(제품)를 만들다.(재료의 질이 변화하는 경우에 씀.)
 * makc A **of** B : B(재료)로서 A(제품)을 만들다(재료의 질이 변화하지 않는 경우에 씀)

<ex.> We **make** cheeze **from** milk.
(우리는 우유로 치즈를 만든다.)
We **make** a desk **of** wood.
(우리는 나무로 책상을 만든다.)

⁴⁷¹ **translate A into B** [trænsléit ei intu bi, 트랜스레
이트 에이 인투비] A를 B로 번역하다(=put A into B)

* translate: ~을 번역하다, 해석하다

◇ ***Translate*** the English book ***into*** Korean.
(영어책을 한국어로 번역하시오.)

공식분석

이 공식에 쓰이는 동사는 주로 작위동사로서 목적어 다음에
「결과·변화」의 전치사 **into**를 가지고 온다. 이때의 동사는 완
전타동사로서 제3형식문을 인도한다.

472 **attribute A to B** [ətríbjut ei tu bi, 어트리뷰트 에이 투 비] A를 B에 돌리다(=ascribe A to B)

* attribute: ~에 돌리다, 탓으로 하다

◇ He **attributed** his failure **to** bad luck.
(그는 자기의 실패를 불운으로 돌렸다.)

473 **apply A to B** [əplái ei tu bi, 어플라이 에이 투비] A를 B에 적용하다

* apply: 적용하다, 응용하다

◇ They **applied** these rules **to** every case.
(그들은 이 규칙들을 모든 사례에 적용하였다.)

474 **compare A to B** [kəmpɛər ei tu bi, 컴페어 에이 투 비] A를 B에 비유하다(=liken A to B)

* compare: 비교하다, 대조하다

◇ He often **compares** life **to** a marathon.
(그는 자주 인생을 마라톤에 비유한다.)

참고 *cf.* compare A **with** B : A를 B와 비교하다

[475] **prefer A to B** [prifə́:r ei tu bi, 프리퍼 에이 투비] B보다 A를 더 좋아하다(=like A better than B)

* prefer: ~을 좋아하다

◇ He *prefer* an apple *to* an orange.
(그는 오렌지보다 사과를 더 좋아한다.)

[476] **owe A to B** [ou ei tu bi, 오우 에이 투비] ①A를 B에게 빚지고 있다
② A를 B에게 은혜를 입고 있다

* owe: 빚지고 있다, (은혜 등을) 입고 있다

◇ I *owe* 1000won *to* him.
(나는 1000원을 그에게 빚지고 있다.)

공식분석

이 공식에 쓰이는 동사는 주로 「귀책·적용·종속」의 동사로서 목적어 뒤에 '대상·목표'를 나타내는 전치사 **to**를 동반한다. 이때의 동사는 완전타동사로서 제3형식문을 이끈다.

477 **impose A on B** [impóuz ei ɔn bi, 임포우즈 에이 온 비] A를 B에 부과하다(=levy A on B)

＊ impose: 부과하다, 지우다

◇ They **imposed** a tax of 1,000 won **on** me.
(그들은 나에게 1000원의 세금을 부과하였다.)

478 **congratulate A on B** [kəngrǽtʃəlèit ei ɔn bi, 컨그래춰레이트 에이 온 비] A에게 B를 축하한다(=felicitate A on B)

＊ congratulate: 축하하다

◇ I **congratulate** you **on** your success.
(당신의 성공을 축하합니다.)

공식분석

이 공식에 쓰이는 동사는 「부과・축하의 동사」로서 목적어 다음에 '대상・목표'를 나타내는 전치사 **on**을 수반한다. 이때의 동사는 완전타동사로서 제3형식문을 인도한다.

《동사+to부정사》형

<ex.> *come to*

---

479 **come to** [kʌm tu, 컴투] ~하게 되다(=get to, learn to)

◇ How did you ***come to*** like her?
(당신은 어떻게 그녀를 좋아하게 되었습니까?)

---

480 **have to** [hæv tu, 해브투] ~해야한다(=must, have got to)

* have: 가지다 ; 먹다

◇ You ***have to*** go there at once.
(너는 즉시 거기에 가야한다.)

---

481 **fail to** [feil tu, 페일 투] ~하지 못하다(=be unable to), 하지않다

* fail: 실패하다 ; ~하지 못하다

◇ He ***failed to*** answer my letter.
(그는 나의 편지에 답장을 쓰지 않았다.)

482 **used to** [juːst tu, 유스 투] ① ~하곤 했다(습관)(=was accustomed to)
② 전에는 ~이었다(상태)

◇ I *used to* swim here every day.
(나는 매일 여기에서 수영하곤 했다.)

◇ There *used to* be a theater there.
(전에는 거기에 극장이 하나 있었다.)

공식분석

이 공식에 쓰이는 동사는 주로 작위동사로서 뒤에는 반드시 **to**부정사를 취하여 의무나 습관을 나타낸다. 이때의 동사는 자동사로서 제1형식이나 제2형식 문형을 만든다.

공식 80 《조동사~+원형부정사》형

<ex.> cannot but do

---

483 cannot but do [kǽnɑt bʌt du:, 캔 낫 밧 두-] ~하지 않을 수 없다(=cannot help~ing)

◇ I *could not but* laugh.
(나는 웃지 않을 수 없었다.)

---

484 cannot ~ too [kǽnɑt tu:, 캔낫 투-] 아무리~해도 지나치지 않는다

◇ You *cannot* be *too* careful about your health.
(건강에 대해 아무리 주의해도 지나치지는 않는다.)

---

485 had better [hæd betər, 해드 베터] ~하는 편이 낫다

* had: have(가지다)의 과거

* better: 더 좋은(good의 비교급)

◇ You *had better* start now.
(지금 시작하는 편이 낫다.)

486 **may as well** [mei æz wel, 메이 애즈 웰] ~하는 편이 좋다(=do well to do)

* may: ~해도 좋다, ~일지도 모른다

* well: 잘, 능숙히

◇ You **may as well** go there at once.
(너는 즉시 거기에 가는 편이 좋다.)

487 **would rather do** [wud raðər duː, 우드 라더 두-]
차라리 ~하고 싶다(=do more willingly)

* would: (will의 과거) ~하고 싶다

* rather: 오히려, 어느쪽인가하면

◇ I **would rather** stay here.
(나는 차라리 여기에 머무르고 싶다.)

공식분석

이 공식에 쓰이는 동사는 조동사로서 이것들 뒤에는 반드시 행위를 나타내는 원형부정사가 온다.

《동사+~동명사》형

<ex.> be worth ~ing

---

488 be worth ~ing [bi wɔːrθ~iŋ, 비 워스 잉] ~할 가치가 있다(=be worth while to)

* worth: ~의 가치가 있는

◇ This book ***is worth reading*** twice.
(이 책은 두번 읽을만한 가치가 있다.)

---

489 cannot help~ing [kænʌt help iŋ, 캔낫 헬프 잉] ~하지 않을 수 없다(=cannot but~)

◇ I ***cannot help laughing***.
(나는 웃지 않을 수가 없다.)

---

490 feel like ~ing [fiːl laik iŋ, 필 라이크 잉] ~하고 싶은 기분이 들다

* feel: 느끼다, ~이라는 느낌이 들다

◇ I ***feel like drinking*** a cup of tea.
(나는 차 한 잔 마시고 싶은 기분이 든다.)

§3. 형용사적 용법의 숙어

형용사적 용법의 숙어는 하나의 숙어가 형용
사역할을 하는 것을 말하는데 다음과 같은 어
결합을 이룬다.

1. 〈be+형용사+to부정사〉
2. 〈be+형용사+전치사〉
3. 〈be+of+명사〉

공식 82 《be+형용사+to부정사》형
<ex.> be able to

---

491 be able to [bi eibl tu, 비 에이블 투] ~할 수 있다 (=be capable of)

* able: 할 수 있는;유능한

◇ He **is able to** do it.
(그는 그것을 할 수 있다.)

---

492 be about to [bi əbáut tu, 비 어바우트 투] 막~하려고 하다 (=be on the point of ~ing)

* about: 일어난, 활동하는;나도는

◇ He **is about to** leave Seoul.
(그는 서울을 막 떠나려하고 있다.)

---

493 be likely to [bi laik tu, 비 라이크 투] ~할 것 같다

* likely: 있음직한, ~할 것 같은

◇ It **is likely to** rain.
(비가 올 것 같다.)

494 **be certain to** [bi sə:rtn tu, 비 써튼 투] 반드시 ～하다
(=be sure to)

* certain: 확실한, 반드시 일어나는

◇He *is certain to* come.
(그는 반드시 온다.)

495 **be forced to** [bi fɔ:rst tu, 비 포스트 투] ～하지 않을 수 없다

* force: 억지로 시키다, ～에게 강제하다

◇He *was forced to* go there.
(그는 그곳에 가지 않을 수 없었다.)

유어숙어

* ～하지 않을 수 없다 : **be forced to**
= be compelled to
= be obliged to

496 **be sure to** [bi ʃuər tu, 비 슈어 투] 반드시 ～하다 (=be certain to)

* sure: 틀림없는, 확실한

◇He *is sure to* go there.
(그는 반드시 그곳에 간다.)

⁴⁹⁷ **be ready to** [bi redi tu, 비 레디 투] ~할 준비[각오]가 되어 있다 ;기꺼이 ~하다

* ready: 준비가 된, 기꺼이 하는

◇ I **am ready to** die.
(나는 죽을 각오가 되어 있다.)

유어숙어

* ~할 준비가 되어 있다 : **be ready to**
= be prepared to
= be determined to

⁴⁹⁸ **be willing to** [bi wiliŋ tu, 비 윌링 투] 기꺼이 ~하다
(=be ready to)

* willing: 기꺼이하는

◇ I **am willing to** do it for you.
(나는 당신을 위해 그것을 기꺼이 하겠습니다.)

공식분석

이 공식은 형용사 다음에 **to**부정사를 취한다. 이때 부정사는 형용사를 수식하는 부사적 용법의 부정사이다. 따라서 이 공식에서 동사는 불완전자동사로서 제2형식문을 이끈다.

2

공식 83

≪be+형용사+for≫형

<ex.> be anxious for

---

499 be anxious for [bi ǽŋkʃəs fɔːr, 비 앵크셔스 포어] ~을 갈망〔열망〕하다

* anxious: 열망하는; 걱정스러운

◇ He *is anxious for* health.
(그는 건강을 갈망하고 있다.)

유어숙어

* ~을 갈망하다 : **be anxious for**
　　　　　= be eager for
　　　　　= long for

---

500 be famous for [bi féiməs fɔːr, 비 페이머스 포어] ~으로 유명하다

* famous: 유명한, 이름 높은

◇ This town *is famous for* its hot springs.
(그 도시는 온천으로 유명하다.)

유어숙어

* ~으로 유명하다 : **be famous for**
　　　　　= be noted for
　　　　　= be well-known for

501 **be late for** [bi leit fɔːr, 비 레이트 포어] ~에 늦다〔지각하다〕

* late: 늦은, 지각한

◇ He *was late for* school.
(그는 학교에 지각하였다.)

502 **be responsible for** [bi rispánsəbl fɔːr, 비 리스판써블 포어] ~에 책임이 있다

* responsible: 책임이 있는

◇ He *is responsible for* their safety.
(그는 그들의 안전에 책임 있다.)

유어숙어

* ~에 책임이 있다 : **be responsible for**
= be liable for
= answer for

공식분석

이 공식에 쓰이는 전치사 **for**는 「~을 위해, ~향해, ~에 대하여」의 뜻으로 "목적, 대상, 원인, 이유" 등을 나타낸다.

≪be+형용사+from≫형

<ex.> be absent from

---

503 **be absent from** [bi ǽnsənt frəm, 비 앱썬트 프럼] ~에 결석하다(=absent from)

* absent: 결석의, 부재의

◇ He **was absent from** school.
(그는 학교에 결석하였다.)

504 **be different from** [bi difərənt frəm, 비 디퍼런트 프럼] ~과 다르다

* different: 다른, 상이한

◇ My ideas **are different from** his.
(나의 생각은 그의 생각과는 다르다.)

505 **be far from** [bi fɑːr frəm, 비 파아 프럼] 결코(조금도) ~ 않다(=not at all)

* far: 멀리, 아득히

◇ He **is far from** happy.
(그는 결코 행복하지 않다.)

215

506 **be free from** [bi fri: frəm, 비 프리 프럼] ①~이 면제되다(=be exempt from)
②~이 없다(=be lacking in)

＊free: 자유로운;면제된

◇I **was free from** work that day.
(나는 그날은 일하지 않았다.)

참고 *cf.* { be free **from**
{ be free **of** } ~이 없다, 면제되다

➡ free 다음에 **of**가 오는 경우는 주로 면제된 상태에 중점을 두며

from이 오는 경우는 가해물, 구속물에 중점을 두는 경우에 쓴다.

<ex.>His essay *is free of* mistakes.
(그의 논문은 오류가 없다.)

공식분석

이 공식에 쓰이는 전치사 **from**은 「~에서 ~으로부터, ~으로」의 뜻으로 "분리, 출처, 원인, 이유"를 나타낸다.

공식 85 《be+형용사+of》형

<ex.> *be afraid of*

---

507 be afraid of [bi əfreid əv, 비 어프레이드 어브] ~을 두려워하다(=be fearful of)

---

* afraid: 두려워하는, 무서워하는

◇ He **is afraid of** swimming.
(그는 수영하는 것을 두려워한다.)

---

508 be aware of [bi əwɛə əv, 비 어웨이 어브] ~을 알다 (=know)

---

* aware: 알고, 깨닫고

◇ She **is aware of** the danger.
(그녀는 그 위험을 알고 있다.)

---

509 be capable of [bi keipəbl əv, 비 케이퍼블 어브] ~을 할 수 있다(=be able to)

---

* capable: 할 수 있는, 능력있는

◇ He **is capable of** swimming.
(그는 수영할 수 있다.)

510 **be certain of**[bi sə́:rtn əv, 비 써튼 어브] ~을 확신하다

＊certain: 확신하는, 자신하는

◇I *am certain of* his success.
(나는 그의 성공을 확신한다.)

유어숙어

＊~을 확신하다 : **be certain of**
= be sure of
= be convinced of

511 **be fond of**[bi fɑnd əv, 비 판드 어브] ~을 좋아하다
(=like)

＊fond: 좋아하는, 다정한

◇He *is fond of* fishing.
(그는 낚시질하는 것을 좋아한다.)

512 **be proud of**[bi praud əv, 비 프라우드 어브] ~을 자랑하
다(=take pride in)

＊proud: 자랑할 만한, 뽐내는

◇He *is proud of* his son.
(그는 아들을 자랑한다.)

513 **be independent of** [bi indipéndənt əv, 비 인디펜 던트 어브] ~에서 독립하다

＊independent: 독립한, 자주의

◇ She **is independent of** his parents.
(그녀는 부모에게서 독립하고 있다.)

514 **be tired of** [bi taiəd əv, 비 타이어드 어브] ~에 싫증나다
(=be sick of)

＊tired: 피로한, 지친;싫증난

◇ I **am tired of** reading.
(나는 독서가 싫증이 난다.)

참고 *cf.* { be tired **with** be tired **from** } ~으로 피곤하다

➥ tired 다음에 **with**가 올 때는 피로의 원인을 나타 내며, **from**은 어떤 일의 결과로 일어난 피로의 경 우에 쓰인다.

공식분석

이 공식에 쓰이는 전치사 of는 「~을, ~에, ~의」 뜻으로 "목 적, 대상, 관련" 등을 나타낸다.

《be+형용사+to》형

<ex.> be contrary to

---

515 **be contrary to**[bi kántreri tu, 비 칸트레리 투] ~에 반대되다(=be opposite to)

* contrary: 반대의; 적합지 않은

◇ This **is contrary to** the fact.
(이것은 그 사실과는 반대가 된다.)

---

516 **be due to**[bi dju: tu, 비 듀- 투] ~에 기인하다, ~의 탓으로 돌리다

* due: ~에 기인하는, ~탓으로 하는

◇ His success **was due to** his efforts.
(그의 성공은 노력 때문이었다.)

---

517 **be equal to**[bi iːkwəl tu, 비 이퀄 투] ~할 능력이 있다, 자격이 있다

* equal: 평등한, 대등한

◇ He **is equal to** the task.
(그는 그 일을 감당할 만한 자격이 있다.)

518 be indispensable to [bi indispénsəbl tu, 비 인디
스펜써블 투] ~에 불가결하다(=be essential to)

* indispensable: 불가결의, 없어서는 안 될

◇ Air *is indispensable to* life.
(공기는 생명에 필수불가결하다.)

519 be inferior to [bi infíəriər tu, 비 인피어리어 투] ~보
다 못하다, 열등하다(←be superior to)

* inferior: 열등한, 하위의

◇ This product *is inferior to* that one.
(이 제품은 저것보다도 못하다.)

520 be similar to [bi simələr tu, 비 시멀러 투] ~과 유사
하다〔같다〕(=be alike
to)

* similar: 같은, 유사한

◇ Your idea *is similar to* mine.
(너의 생각은 내 생각과 비슷하다.)

공식분석 -

이 공식에 쓰이는 전치사 **to**는 「~로, ~까지, ~에 대하여」의
뜻으로 "목표, 대상, 대비" 등을 나타낸다.

《be+형용사+at》형
<ex.> be angry at

521 be angry at [bi æŋri æt, 비 앵그리 앳] ~에 화내다(=get mad at)

* angry: 화난, 성난

◇ He **was angry at** her words.
(그는 그녀의 말에 화냈다.)

참고 ➡ 사람에게 화낼 때는 전치사 **with**를 쓴다.

<ex.> He *was angry* **with** his son.
(그는 자기 아들에게 화냈다.)

522 be good at [bi gud æt, 비 굿 앳] ~을 잘하다(=be clever at)

* good: 좋은 ; 유능한, 익숙한

◇ He **is good at** tennis.
(그는 테니스를 잘 친다.)

유어숙어

* ~을 잘하다 : **be good at**
= be clever at
= be skillful at

23 **be present at** [bi prézənt æt, 비 프레전트 앳] ~에 출석하다(=attend)

* present: 출석하고 있는 ; 현재의

◇ She *was present at* the party.
(그녀는 파티에 참석하였다.)

24 **be poor at** [bi puər æt, 비 푸어 앳] ~에 서투르다(=be bad at)

* poor: 가난한; 서투른

◇ He *is poor at* English.
(그는 영어를 잘 못한다.)

공식분석

이 공식에 쓰이는 전치사 **at**은 「~에, ~하고」의 뜻으로 "방향, 목표, 대상, 원인" 등을 나타낸다.

공식 88 《be+형용사+with》형
<ex.> be angry with

---

525 be angry with [bi ǽŋgri wið, 비 앵그리 위드] ~에 화내다(=get mad at)

* angry: 화난, 성난

◇ He **was angry with** his wife.
(그는 자기 아내에게 화냈다.)

---

526 be busy with [bi bízi wið, 비 비지 위드] ~로 바쁘다

* busy: 바쁜, 분주한

◇ He **is busy with** his business.
(그는 자기 사업으로 바쁘다.)

---

527 be crowded with [bi kráudid wið, 비 크라우디드 위드] ~으로 붐비다

* crowded: 붐비는, 혼잡한

◇ The store **was crowded with** people.
(그 가게는 사람들로 붐볐다.)

528 **be familiar with** [bi fəmíljər wið, 비 퍼밀리어 위드] ~에 정통하다, 잘 알다(=be at home in)

* familiar: 친밀한; 잘 알고 있는

◇ He *is familiar with* the fact.
(그는 그 사실을 잘 알고 있다.)

공식분석 --

이 공식에 쓰이는 전치사 **with**는 「~에 대해서는, ~에 있어서는」 뜻으로 "입장, 사정, 대상" 을 나타낸다.

《be+형용사+in》형
<ex.> *be absorbed in*

529 **be absorbed in** [bi əbsɔ́ːrbd in, 비 업소브드 인] ~에 열중하다〔몰두하다〕

* absorb: 흡수하다; 열중하다

◇He *was absorbed in* thought.
(그는 사색에 잠겨 있었다.)

유어숙어

> * ~에 몰두하다 : **be absorbed in**
>   = be lost in
>   = be engrossed in

530 **be excellent in** [bi eksələnt in, 비 엑설런트 인] ~에 우수하다, 뛰어나다

* excellent: 우수한, 뛰어난

◇He *is excellent in* music.
(그는 음악을 잘한다.)

531 **be interested in** [bi intəristid in, 비 인터리스티드 인] ~에 흥미가 있다(=have interest in)

* interested: 흥미가 있는, 관계가 있는

◇ He ***was interested in*** painting.
(그는 그림에 흥미가 있다.)

532 **be rich in** [bi ritʃ in, 비 리취 인] ~이 풍부하다(=be abundant in)

* rich: 부자인; 풍부한

◇ The country ***is rich in*** resources.
(그 나라는 자원이 풍부하다.)

533 **be wanting in** [bi wɔ́:ntiŋ in, 비 원팅 인] ~이 부족하다(=be lacking in)

* wanting: 빠져있는; 부족한

◇ She ***is wanting in*** common sense.
(그녀는 상식이 부족하다.)

유어숙어

* ~이 부족하다 : **be wanting in**
= be lacking in
= be deficient in

227

공식 90 ≪(be)+of+명사≫형
<ex.> of age

534 **of age** [əv eidʒ, 어브 에이쥐] 성년에 달한

* age: 나이, 연령, 성년

◇ She is **of age** this month.
(그녀는 이달에 성년이 된다.)

535 **of help** [əv help, 어브 헬프] 도움이 되는(=helpful)

* help: 도움, 원조

◇ This book is **of** great **help** to me.
(이 책은 나에게 크게 도움이 된다.)

536 **of importance** [əv impɔ́ːrtəns, 어브 임포턴스] 중요한(=important)

* importance: 중요성, 중대

◇ It is **of importance** to read books.
(독서는 중요하다.)

537 **of use** [əv juːs, 어브 유-스] 유용한(=useful↔of no use)

* use: 사용, 이용; 효용

◇ This knife is *of use* to me.
(이 칼은 나에게 유용하다.)

 -

이 공식에 쓰이는 전치사 **of**는 「~의, ~한, ~하는」 뜻으로 「**of**+명사」는 형용사구를 만들어 하나의 형용사 역할을 하여 보어의 역할을 한다. 이 때의 문은 제2형식문을 이룬다.

This knife is *of use* to me.
S(주어) V(동사) C(보어) M(수식어)

§4. 전치사적 용법의 숙어

전치사적 용법의 숙어는 하나의 숙어가 구 전치사를 이루어 하나의 전치사 역할을 하는 것을 말하는데, 다음과 같이 어결합을 갖고 있다.

1.〈전치사+명사+전치사〉
2.〈전치사+관사+명사+전치사〉

538 in case of[in keis əv, 인 케이스 어브] ~의 경우에는(=in the event of)

＊case: 경우; 사정, 상황

◇ ***In case of*** fire, call 119.
(불난 경우에는 119로 전화하세요.)

539 in front of[in fʌnt əv, 인 프런트 어브] ~의 앞에 (=before)

＊front: 앞, 정면

◇ There is a park ***in front of*** the house.
(그 집 앞에는 공원이 있다.)

540 in memory of[in méməri əv, 인 메머리 어브] ~을 기념하여

＊memory: 기억; 생각남, 추억

◇ A statue was erected ***in memory of*** Lincoln.
(링컨을 기념하여 동상이 세워졌다.)

541 **in place of**[in pleis əv, 인 플레이스 어브] ~의 대신에
(=instead of)

*place: 장소, 자리 ; 입장

◇I went there **in place of** my brother.
(나는 동생을 대신하여 그곳에 갔다.)

542 **in search of**[in səːrtʃ əv, 인 써춰 어브] ~을 찾아
(=looking for)

*seach: 탐색, 수색

◇He was **in seach of** his friend.
(그는 친구를 찾고 있었다.)

543 **in spite of**[in spait əv, 인 스파이트 어브] ~에도 불구하
고(=in the face of)

*spite: 악의, 원한, 앙심

◇**In spite of** all our efforts, the plan ended in failure.
(우리들의 온갖 노력에도 불구하고 그 계획은 실패로 끝났다.)

공식분석

이 공식의 형식인 <in+명사+of>는 구전치사로서 하나의 전치사 역할을 하게 된다. 이 공식에 쓰이는 전치사 **of**는 "대상·목적·목표"를 나타낸다.

544 **in addition to** [in ǽdiʃən tu, 인 어디션 투] ~에 더하여, 게가다(=besides)

* addition: 추가, 부가

◇ She has a brain **in addition to** looks.
(그녀는 미모에 더하여 두뇌도 있다.)

545 **in proportion to** [in prəpɔ́:rʃən tu, 인 프러포션 투] ~에 비례하여

* proportion: 비례, 비율

◇ His income is **in proportion** to his skill.
(그의 소득은 그의 기술에 비례하고 있다.)

546 **in regard to** [in rigá:rd tu, 인 리가아드 투] ~에 관하여(=concerning)

* regard: 주목, 주의; 유의, 관심

◇ He will say **in regard to** the matter.
(그는 그 문제에 관하여 말할 것이다.)

⁵⁴⁷ **in relation to** [in riléiʃən tu, 인 리레이션 투] ~에 관하여(=concerning)

   * relation: 관련, 관계

◇ I have a lot to say *in relation to* the matter.
(나는 그 문제에 관해 말할 것이 많이 있다.)

• ~에 관하여 : **in relation to**
       = in regard to
       = with regard to

공식분석

이 공식의 형식인 <in+명사+to>는 하나의 구전치사로서 전치사역할을 하게된다. 이 공식에 쓰이는 전치사 **to**는 "대상·목표"를 나타낸다.

《at+the+명사+of》형

<ex.> at the back of

---

548 at the back of[æt ðə bæk əv, 앳더 백 어브] ~의 뒤에, 배후에(=behind)

* back: 등; 뒤, 뒷면

◇ There is a garden ***at the back of*** the house.
(그 집 뒤에는 정원이 있다.)

---

549 at the cost of[æt ðə kɔːst əv, 앳 더 코스트 어브] ~을 희생하여(=at the expense of)

* cost: 가격; 비용; 손실

◇ He did it ***at the cost of*** his health.
(그는 건강을 희생하여 그것을 하였다.)

유어숙어

* ~을 희생하여 : **at the cost of**
= at the expense of
= at the price of

550 at the mercy of[æt ðə məːrsi əv, 앳더 머시 어브]

~의 처분대로, ~에 좌우되어

* mercy: 자비; 마음대로 하는 힘

◇The ship was **at the mercy of** the waves.
(배는 파도치는 대로 움직였다.)

551 at the risk of[æt ðə risk əv, 앳 더 리스크 어브]

~의 위험을 무릅쓰고(=at the peril of)

* risk: 위험, 모험

◇He did the work **at the risk of** his life.
(그는 생명의 위험을 무릅쓰고 그 일을 하였다.)

552 at the sight of[æt ðə sait əv, 앳 더 싸이트 어브]

~을 보고

* sight: 시력, 시각; 봄, 일견

◇She cried **at the sight of** her mother.
(그녀는 어머니를 보고 울었다.)

≪in+the+명사+of≫형

<ex.> in the couse of

---

553 in the course of [in ðə kɔːrs əv, 인 더 코오스 어브]
~동안에, ~중에(=during)

* course: 진로, 행로, 추이

◇ He visited Sam **in the course of** his trip.
(그는 여행 중에 샘을 방문했다.)

---

554 in the face of [in ðə feis əv, 인 더 페이스 어브] ~에
직면하여, ~와 맞대고

* face: 얼굴; 표면

◇ He remained calm **in the face of** danger.
(그는 위험에 직면하여 침착하였다.)

---

555 in the middle of [in ðə midl əv, 인 더 미들 어브]
~의 중앙에(=in the heart of)

* middle: 중앙, 한가운데

◇ He fell **in the middle of** the road.
(그는 도로의 한 복판에서 넘어졌다.)

≪by[for]+명사+of≫형

<ex.> by means of

---

556 by means of[bai mi:ns əv, 바이 민스 어브] ~에 의하여(=by way of)

* means: 수단, 방법

◇ He succeeded **by means of** his efforts.
(그는 노력으로 성공하였다.)

---

557 by way of[bai wei əv, 바이 웨이 어브] ①~을 지나
②~에 의하여(=by means of)

* way: 길, 방향, 방법

◇ He went to London **by way of** Paris.
(그는 파리를 경유하여 런던에 갔다.)

---

558 for fear of[fɔːr fiər əv, 포어 피어 어브] ~을 무서워[두려워]하고(=for dread of)

* fear: 무서움, 두려움

◇ She hid **for fear of** being scolded.
(그녀는 꾸지람받을까 두려워서 숨었다.)

 for want of[fɔːr wɔːnt əv, 포어 원트 어브] ~의 부족때문에(=for lack of)

---

* want: 필요, 소용; 결핍, 부족

◇ He has fallen ill ***for want of*** food.
(그는 음식이 부족해서 병에 걸렸다.)

유어숙어

> * ~의 부족 때문에 : **for want of**
> = from want of
> = for lack of
> = for deficiency of

공식분석

이 공식에 쓰이는 구전치사를 이루는 **by**는 '수단'을 나타내고, **for**는 '대상'을 나타낸다. 구전치사 마지막에 오는 전치사 **of**는 '대상·목표'를 나타낸다.

부 록

찾아보기(Index)

[C]

[D]

기초 영숙어 공식

차봉현 지음

2010년 11월 15일 초판 1쇄 인쇄
2010년 11월 19일 초판 1쇄 발행

펴낸이 마복남 | **펴낸곳** 버들미디어 | **등록** 제 10-1422호
주소 서울시 마포구 합정동 359-27
전화 (02)338-6165 | **팩스**(02)323-6166
E-mail : bba666@naver.com

ISBN 978-89-6418-018-1 13740

※책값은 표지 뒷면에 표시되어 있습니다.